»Venedig will ja, daß man in ihm verschwindet, nicht mehr auftaucht, alles andere vergißt und jedes Zeitempfinden verliert.« Seit über vierzig Jahren lässt sich Hanns-Josef Ortheil immer wieder aufs Neue von Venedig verführen. Er erzählt von der *ómbra*, einem Hauch kühlen Weins, genossen zu den Venusmuscheln am Mittag, und von schwerer, dunkler *cioccolata*, die den Nachmittag versüßt, von abendlichen Fahrradfahrten zwischen Meer und Kanal bis zu den »Enden der Welt« und von der Schönheit der venezianischen Nacht.

Über zehn Jahre nach der Erstauflage dieses Bandes hat sich der Autor erneut auf den Weg in die Lagunenstadt gemacht und schenkt uns mit dieser Neuausgabe eine aktuelle Sicht auf das heutige Venedig: mit vielen neuen Tipps, Cafés, Restaurants und Spaziergängen.

»Hanns-Josef Ortheil beschreibt seine Erfahrungen so sinnlich und greifbar, dass man eigentlich sofort aufbrechen möchte.«
Spiegel Online

insel taschenbuch 4482
Hanns-Josef Ortheil
Venedig

Hanns-Josef Ortheil

VENEDIG

Eine Verführung
Mit Fotografien von
Lotta Ortheil
Insel Verlag

Die Originalausgabe erschien 2004
bei Sanssouci im Carl Hanser Verlag, München;
die Lizenzausgabe als insel taschenbuch erstmals 2012.
Die vorliegende Ausgabe wurde vom Autor
grundlegend überarbeitet und aktualisiert.

Das Zitat auf Seite 9 stammt aus: Jean-Paul Sartre,
Königin Albemarle oder Der letzte Tourist. Fragmente.
Herausgegeben von Arlette El Kaïm-Sartre.
Deutsche Übersetzung von Uli Aumüller.
Copyright © 1994 Rowohlt Verlag GmbH,
Reinbek bei Hamburg.

5. Auflage 2024

Erste Auflage 2016
insel taschenbuch 4482
Insel Verlag Berlin 2016
© Sanssouci im Carl Hanser Verlag, München 2004
Lizenzausgabe mit freundlicher Genehmigung
Kurzzitate aus: Ernest Hemingway, Über den Fluß und in die Wälder
© 1950 Ernest Hemingway; 1951, 1977 Rowohlt Verlag GmbH,
Reinbek bei Hamburg
Umschlag: hißmann, heilmann, hamburg
Umschlagfoto: Christopher Baker
Druck: Beltz Grafische Betriebe GmbH, Bad Langensalza
Printed in Germany
ISBN 978-3-458-36182-4

www.insel-verlag.de

Inhalt

Abgeblättertes Rosa, Weiß mit schwarzen Tränen, das sind die Farben, die zuerst auffallen. Danach Grün und Schwarz. Das Grün des Wassers. Wenn das Wasser ruhig ist, ist es von nahem das fette Grün von Schweröl mit irisierenden Stellen und geheimen Finsternissen. In Ruhe wirkt es teigig und schnalzend. Da ist das Grün der Haarflechten, die die Mauern herabhängen und manchmal ins Wasser eintauchen. Da ist auch das Grün der Fensterläden, manchmal rein, wenn sie frisch gestrichen sind, manchmal gräulich und kastanienbraun getönt, wenn sie in der Hitze, aber ohne Sonne alt geworden und ausgetrocknet sind. Und dann ist da das Schwarz der Gassen, die hinten im Dunkeln enden, und vor allem das glänzende Schwarz der Gondeln und Lastkähne, ein Insektenschwarz. Nicht so sehr, daß es glänzt, aber die Wasserspiegelungen verleihen ihm eine Art Schimmer, einen fließenden Lack.

Jean-Paul Sartre, *Königin Albemarle oder Der letzte Tourist.* Reinbek bei Hamburg 1994

Die Ankunft

Du befindest Dich jetzt in einer Höhe von beinahe 8000 Metern über den Alpen, die Temperatur draußen beträgt minus 30 Grad. Du blickst herunter auf die scharfkantigen Gipfel und die glatten Flächen der Felsschultern, auf die dünnen Linien der Hangrinnen und das Slalom-Geschlängel der Saumpfade in den Tälern, Du erkennst die zugefrorenen, an den Rändern kristallin eingezuckerten Seen, die Kette der Bergmassive erscheint wie von schweren weißen Christo-Laken verschnürt, darüber der zerfaserte Wolkenflor und das festliche Himmelsblau, das sich am Horizont immer weiter verdünnt ..., dann verliert das Flugzeug an Höhe und taucht hinein in den sonnigen Dunst, die fahlen Brauntöne der Ebene sind plötzlich da, erst noch stark zersiedelt, verwandelt sie sich wenig später in reine Geometrie, in die Rechtecke der Felder und Äcker mit geraden Straßen und den ersten schmalen Kanälen, bis die roten Dächer der einsamen Landsitze und Gutshäuser erscheinen, und schließlich die Mäander-Zone am Meer, das sich ins Land hineinfrisst, graubrauner Morast, eine dickgrünliche Suppe, schlierige Wasserrinnen und Wasserflechten ..., dann die schimmernde Silhouette der geliebten Stadt, der Campanile Torcellos und der schiefe Streichholzturm von Burano in der Lagunenweite, über die das Flugzeug kurz gleitet, um, während Du Dein Herz hüpfen spürst, aufzusetzen in diesem Jenseits ...

Egal, ob man mit dem Flugzeug, dem Zug oder dem Auto ankommt – die Ankunft in Venedig ist jedes Mal ein mehrfacher Schock. Zum einen erlebt man die allmähliche Trennung vom Land und damit von sicherer, stabiler Erde, die Nabelschnur zum Festland wird langsam und physisch spürbar durchschnitten, man fühlt sich ausgesetzt, das Empfinden, an einem Endpunkt und gleichzeitig auf einer Insel angelangt zu sein, führt zu einem Zustand diffuser Erregung und großer Erwartung, in den sich – wie häufig bei der Ankunft auf einer Insel – ein leichter Freiheitsrausch mischt.

Zum anderen aber findet man keine Zeit, Sinne und Gedanken zu ordnen und auf die neue Umgebung einzustimmen, denn die ästhetische Überwältigung ist, weil man diese Umgebung mit nichts Bekanntem oder Gewohntem vergleichen oder in Beziehung setzen kann, zu groß.

Schon mit dem ersten Vordringen ins Innere der Stadt beginnt nämlich die Wirkung eines verschwenderischen und betörenden Zaubers. Die Bauten scheinen dem Wasser entwachsen und gerade noch auf ihm zu schweben, während die sonst bewegte, unruhige, oft auch Gefahr bringende Flut stillgelegt und gebändigt erscheint und dadurch nichts anderes mehr ist als ein glatter Spiegel, ein Verdoppeln, Steigern und Umschmeicheln der großen Kulissen aus weißem Stein.

Dieses Mit- und Ineinander von Stein und Wasser, von Hartem und Weichem, schafft ein nie gesehenes, vor allem aber nie für möglich gehaltenes Ensemble. Seine außerordentliche Schönheit entsteht durch eine Täuschung oder Verwechslung: Der Stein erscheint nachgiebig und weich, geformt durch eine rätselhafte Ästhetik, die an die Unterwasser-Ästhetik sonst verborgener Naturbauten in den Fluss- oder Meerestiefen erinnert, das Wasser aber glatt, solide und dauerhaft, wie das Terrain einer märchenhaft neuen, geschenkten Erde. Es ist, als hätten geheime und sonst nie zueinanderfindende Phantasien des Menschen und der Natur hier zum einzigen Mal auf glückliche Weise etwas Drittes entstehen lassen: eine Stadt zwischen Himmel und Erde,

zwischen Meer und Land, geschaffen durch eine Kunst der Übergänge und Grenzverschiebungen.

Oft macht der Schock, den die Ankunft mit sich bringt, den Ankommenden stumm. Währenddessen aber zieht ihn die Stadt immer unmerklicher an sich, denn er muss alles mitgebrachte Hab und Gut in einer Gondel, auf einem Vaporetto oder einem Wassertaxi verstauen, manchmal ist seine halbe Entmündigung sogar deutlich sichtbar, dann nämlich wird ihm sein Gepäck ganz aus der Hand genommen und von fremden Händen für die Dauer der Überfahrt zum Hotel irgendwo untergebracht.

Mit all diesen Handgriffen setzt sich die Verzauberung fort. Der Ankommende verlässt jetzt endgültig das Festland und begibt sich in die Magie einer Fremde, die weiter und größer zu sein scheint als alles europäisch Vertraute, ja entfernt sogar an Orientalisches erinnert. Mit offenem Mund, fassungslos gleitet er jetzt immer tiefer hinein in diesen geheimnisvoll fremden Leib, unmerklich wird er verschluckt, langsam umspeichelt die Stadt ihn mit ihren Säften und umhüllt ihn mit ihren Gerüchen und Atmosphären, am Ende wird er ganz in ihr verschwinden.

Ein Geheimnis Venedigs hat genau mit dieser allmählichen Verwandlung zu tun. Ausgesetzt in einem verwirrenden Kosmos von größter, anfangs aber nie ganz zu durchdringender und daher rätselhaft und anziehend bleibender Schönheit, fixiert der Fremde das Rätsel, er umkreist und bestaunt es ununterbrochen und trennt sich dadurch Schritt für Schritt und oft, ohne es selbst gewahr zu werden, von seiner Herkunft. Die Heimat, die aktuellen Tagesgeschäfte, das ganze Einerlei von Normalität und Pflicht treten zurück, und an ihre Stelle tritt der Liebesdienst an einer Stadt, die nicht lauthals und offen Unterwerfung verlangt, sondern den

Fremden auf magische, verführerische Weise ganz an sich bindet. Nach einigen Tagen oder Wochen verliert er das Zeitgefühl, die Welt außerhalb, »draußen«, ist nicht mehr von Belang, von zentraler Bedeutung sind jetzt die Rätsel des venezianischen Kosmos, bis hin zu den winzigsten Details der Gliederung und des Aufbaus einer Hauswand irgendwo auf einem der zahlreichen *Campi*.

Doch so weit ist es noch nicht. Am Anfang gibt es nur Erschrecken und Schweigen ..., bald aber auch die pure Freude, die Empfindung des reinen, nicht mehr für möglich gehaltenen, durch nichts verdunkelten Glücks. In keinem Text über Venedig erscheint diese Freude der Ankunft so schlicht und gerade deshalb so glaubhaft und strahlend wie in Ernest Hemingways Venedig-Roman *Über den Fluß und in die Wälder* aus dem Jahr 1950.

Der amerikanische Oberst Richard Cantwell nähert sich der Stadt von Triest aus in einem Wagen. Von einem Aussichtsplatz noch auf dem Festland geht der Blick weit über die Lagune bis hin zur fernen Silhouette Venedigs. Beim Weiterfahren kommt Cantwell von diesem Anblick nicht los: »Wir kommen jetzt in meine Stadt, dachte er. Gott, was für eine schöne Stadt!«

Schon als Achtzehnjähriger ist Cantwell zum ersten Mal in Venedig gewesen. Jetzt, als Fünfzigjähriger, packt ihn eine Empfindung, die viele Venedig-Reisende ereilt, die zum wiederholten Male in dieser Stadt ankommen. Es ist die Empfindung, einen Teil von sich selbst in Venedig wiederzufinden, einen Teil, an den man gar nicht mehr dachte, der aber bei der Rückkehr plötzlich lebendig wird und wieder ersteht, als hätte die Stadt ihn aufbewahrt und zurückbehalten wie ein verborgenes Gut, das für den verlorenen Sohn immer bereitliegt. Wie konnte ich Venedig je verlassen, wie konnte es überhaupt so weit kommen? – denkt dieser Reisende, um sich schließlich – mit den Worten Cantwells – zu gestehen: »Ich sollte hier leben.«

Mehr als in anderen Städten ist die Rückkehr daher für viele eine Heimkehr, als wäre die Zeit zwischen dem letzten Aufenthalt und der Gegenwart eine im Grunde verlorene gewesen. Der Zauber Venedigs wirkt in solchen Fällen wie eine Wiedergeburt, als würden alle anderen Orte der Welt daneben verblassen und als beschenkte einen die Stadt mit der besonderen Fähigkeit, das eigene Leben plötzlich aus der Distanz zu sehen oder – zumindest teilweise – bewusster zu überblicken. So beschenkt diese Stadt, die so stolz ist auf ihre Einzigartigkeit, den Reisenden mit der Gewissheit, dass er Einzigartiges auch mit sich selbst erfährt und erlebt, dass er sich selbst in Venedig auf intensivere Weise also sonst begegnet.

Das ist der Grund, warum viele immer wieder nach Venedig fahren, Venedig macht süchtig und vermittelt wie sonst keine Stadt das Gefühl, ein ideales Terrain der Selbstsuche zu sein. Daher ist der Großteil der Venedig-Literatur eine Literatur der Einzelgänger oder der Paare, sie streunen umher, sie sind auf der Suche, vor dem gewaltigen Panoramaspiegel der Stadt erleben sie den Kontakt mit ihren sonst gehemmten oder verdeckten Gefühlen.

Ein Venedig-Reisender, an dem man die anhaltende Faszination durch diese Stadt besonders gut studieren kann, war der amerikanische Schriftsteller Henry James (1843-1916). Im Alter von sechsundzwanzig Jahren besuchte er sie zum ersten Mal und fühlte sich ausgeschlossen. Die Fülle des Gesehenen und Erlebten ließ sich nicht einordnen oder beruhigen und wirkte dann wie eine offene Wunde nach. So kam er immer wieder nach Venedig, nahm sich

Zeit, ließ sich in den unterschiedlichsten Terrains nieder, durchlief die Stadt auch in ihren entlegenen Zonen, umkreiste sie und näherte sich ihren so deutlich spürbaren Geheimnissen. Schließlich war er nahe daran, sich ein dauerhaftes Quartier zu suchen. Er wollte regelmäßig in Venedig einige Monate verbringen und schrieb über seine Eindrücke und Erlebnisse mehrere Venedig-Porträts, die zu den schönsten Texten der großen Venedig-Literatur überhaupt gehören. Dass er es dann doch nicht schaffte, sich länger in Venedig niederzulassen, war eine seiner schmerzhaftesten Erfahrungen. Noch während seines letzten (und insgesamt zehnten) Aufenthalts schrieb er an einen Freund, dass er weiter davon träume, einen kleinen Hochsitz mit Blick auf den Canal Grande zu haben. In Venedig kam er zur Ruhe, trennte sich von den Moden der Zeit und lebte so »für sich«, wie das in keiner anderen Stadt möglich war.

Ich selbst kam 1971 als Zwanzigjähriger zum ersten Mal nach Venedig. Verwirrt und überwältigt lief ich stundenlang ohne eigentliche Orientierung durch die schmalen Gassen, in der Hoffnung, irgendwo ein billiges Quartier zu finden. In der Nähe der *Basilica dei Santi Giovanni e Paolo* strömten die Menschen zusammen, sie blieben zu Hunderten auf den kleinen Brücken stehen und drängten sich an den Ufern eines Kanals. Als es mir endlich auch gelang, einen Platz auf einer der Brücken zu finden, näherte sich eine blumengeschmückte Trauergondel mit einem schwarzen Sarg, der von roten Rosen beinahe verdeckt wurde.

Der 15. April 1971 war ein sehr sonniger und warmer Frühlingstag, es war der Tag, an dem Igor Strawinsky in Venedig beerdigt wurde, in der Basilika der beiden Heiligen Johannes und Paulus wurde die Totenmesse für ihn gelesen. In New York war er gestorben, sein Leichnam aber war nach

Venedig gebracht worden, denn er hatte sich gewünscht, auf der Toteninsel *San Michele* begraben zu werden.

Auch Igor Strawinsky war einer von denen gewesen, die der Stadt verfallen waren, schon in frühen Jahren war er nach Venedig gereist, viele seiner Kompositionen waren im *Teatro La Fenice* uraufgeführt und immer wieder gespielt worden, noch als alter und berühmter Mann war er jedoch am liebsten allein durch die Gassen der Stadt gestreunt, hatte die Katzen angelockt und sich russisch mit ihnen unterhalten, als befände er sich nicht in Italien, sondern im Land seiner Kindheit. In Venedig, hatte er gestanden, finde er etwas wie Heimat, hier sei er glücklich, denn er glaube, »die universale Essenz dieser Stadt, diese berührbare Utopie, begriffen und assimiliert zu haben«.

Das Totenamt begann gegen zwölf Uhr, die Kirche war längst überfüllt, aber es gelang mir, durch einen Seiteneingang hineinzukommen und, indem ich mich unter einer Absperrung hindurchduckte, in einer der Kirchenbänke sogar noch einen Platz zu finden. Vorn, in der ersten Reihe, hatten Strawinskys Frau, sein Sohn, seine Töchter und seine besten Freunde Platz genommen. Ich erkannte Peggy Guggenheim und Leonard Bernstein, aber erst als die Messe im griechisch-orthodoxen Ritus begonnen und der Bürgermeister von Venedig die Trauergäste begrüßt hatte, warf ich einen Blick zur Seite, wo ich direkt neben mir, zu meiner Rechten, den Dichter Ezra Pound bemerkte, der in seinen letzten Jahren in Venedig lebte. In sich zusammengesunken saß er da und klammerte sich mit beiden Händen an einen Gehstock mit silbernem Knauf, den er zwischen seine Beine gestemmt hatte.

Über zwei Stunden saß ich in Strawinskys Totenamt neben Ezra Pound, dann wurde der Sarg wieder nach draußen getragen und erneut in der Gondel aufgebahrt. Vier Gondolieri in weißen Hemden mit schwarzer Binde ruderten die Trauerbarke, die auf dem rechten Ufer des *Rio Mendicanti* vom Zug der Trauergäste bis zu den *Fondamenta Nuove* begleitet wurde, von wo aus sie dann allein zur Toteninsel *San Michele* ablegte.

Der tiefschwarze, im Sonnenlicht glänzende Gondellack, das kräftige Rot der vielen Rosen, die vier ruhig rudernden Männer in ihren weißen Hemden – dieses Bild einer einsamen Gondel auf letzter Fahrt hinüber zu den dunklen Zypressen der Toteninsel war das erste Venedig-Bild, das sich mir einprägte. In seiner düsteren Vornehmheit ähnelte es Bildern von Arnold Böcklin und erinnerte an einen längst untergegangenen Mythos, der im 19. Jahrhundert das verfallende Venedig mit Tod und Verwesung in Verbindung gebracht hatte.

Auch 1971 hatte dieses Bild noch etwas Betörendes, war aber, wie ich dann schnell bemerkte, nur noch ein spätes Zitat. Der genaue, inspirierte Blick nahm schon damals ganz anderes wahr als die alten, unendlich oft wiederholten Geschichten, die um die Selbstaufgabe des Fremden und um den todesnahen Wunsch kreisten, mit dieser Stadt eins zu werden und sich ihrer verführerischen Schönheit ganz preiszugeben.

Inzwischen bin ich unzählige Male in Venedig gewesen, Grund also genug, nicht von längst Geschichte gewordenen Klischees, sondern von jener fast fiebrigen, glücklich machenden Schaulust zu erzählen, die einen in Venedig so mitreißt und beinahe atemlos macht.

Wir sind nun angekommen. Wie werden wir begrüßt? Und wie begrüßen wir Venedig? In den letzten Jahrzehnten haben die Venezianer viele Rituale des gemeinsamen Essens und Trinkens entwickelt. In keiner anderen italienischen Stadt sind zum Beispiel die Trinkzeremonien derart verschieden und werden nach Anlass oder Tageszeit inszeniert. In den einfachen Bars (womit nicht Venedigs Weinstuben, die *Bàcari*, gemeint sind) gibt es viele Mixgetränke, von denen der *Sprizz* das bekannteste und beliebteste ist. Man trinkt ihn als Aperitif vor dem Essen, aber auch einfach so, am späten Vormittag oder am Nachmittag, als Pausenfüller.

Viele nehmen Platz, wenn sie einen *Sprizz* trinken, er ist das Getränk für ein sich hinziehendes Gespräch, das oft Stunden dauern kann. Man nippt daran, stellt ihn ab, nimmt ihn wieder in die Hand, er ist der venezianische Drink oder Cocktail, an dem sich das Vergehen von Zeit leicht erkennen lässt. Die jüngeren Trinker rühren ihn immer wieder mit einem Strohhalm um, die älteren legen Wert darauf, dass sich in ihm eine grüne, feste Olive (was aber hat sie in diesem Getränk zu suchen?) befindet. Die wirklichen Genießer verzichten dagegen auf Strohhalm und Olive und trinken das Glas leer, bevor die Eiswürfel sich aufzulösen beginnen.

Es gibt viele Sorten von *Sprizz*, meist besteht er aus einem Anteil Weißwein (oder Prosecco), einem ebenso großen Anteil Mineralwasser und einer kräftigen Geschmacksergänzung (*Aperol* oder *Campari* oder *Select*), die dann auch seine Farbe bestimmt. Am häufigsten ist der *Aperol-Sprizz*. Er schillert hellorange in einem bauchigen, recht großen Glas, und einige Eiswürfel klirren aneinander, wenn man das Glas in die Hand nimmt. Das Getränk erinnert mit seiner besonderen Farblichkeit und all seinem Glimmen an den Schimmer und das Leuchten des Glases, das von den Glasbläsern auf der Laguneninsel Murano hergestellt wird. Die Venezianer haben einen besonderen Sinn für alles Schwebende, Variable, Changierende. Dieses Faible ist dadurch entstanden, dass sie die hellgrünen Wasserflächen ihrer Stadt mit ihren unterschiedlichen Spiegelungen in Objekten (der Malerei, der Glasbläserei etc.) zu tangieren versuchen. So folgen venezianische Kunst und venezianisches Handwerk oft der geheimen Sehnsucht, das überall gegenwärtige Wasserbild einzufangen und das flüssige Element zumindest in kleinen, ihm ähnelnden Formaten festzuhalten.

Neben dem *Sprizz Aperol,* dem *Sprizz Campari* und dem *Sprizz Select* gibt es aber noch viele weitere Aperitivi, so etwa den *Gingerino,* den *Crodino* oder den *Sanbitter,* allesamt mehr oder minder süße Limonaden, die man pur und mit alkoholischen Getränken gemischt trinkt. Einem leichten Prosecco fügt man entweder etwas frisch ausgepressten Orangensaft hinzu, dann heißt das Ganze *Mimosa.* Mischt man den Prosecco dagegen mit Beeren, wird das Getränk *Rossini* genannt.

All diese Aperitivi erhält man in vorzüglicher Qualität zum Beispiel in der *Bar Pasticceria Alla Bragora (Salizada Sant' Antonin, 3604)* im Sestiere Castello. Diese große Bar liegt etwas abgelegen und ist mit ihren guten Getränken (und den exzellenten Süßspeisen) ein idealer Platz dafür, Freunde oder sich selbst in Venedig willkommen zu heißen.

Die Wege des frühen Morgens

Der ideale venezianische Morgen beginnt nicht im stickigen Frühstücksraum eines Hotels, sondern draußen, im Freien. Die Läden und Geschäfte öffnen sehr spät, zwischen neun und zehn Uhr, erst dann beleben sich auch die meisten Gassen und Plätze. Die beste Zeit für den ersten Spaziergang sind also die Stunden davor, die Stunden zwischen, sagen wir großzügig, sechs und zehn Uhr, in denen im günstigsten Fall die Sonne langsam durch den Morgendunst dringt, die Gassen aber noch im schattigen Halbdunkel liegen.

Bevor Du mit Deinen Streifzügen beginnst und Dich treiben lässt, suchst Du Deine Lieblingsbar auf. Eine Lieblingsbar ist nicht einfach die Bar gleich um die Ecke, sondern die beste Bar der näheren Umgebung, jene Bar also, die alle Bedingungen für eine ideale Bar erfüllt und die Du daher erst nach einer gewissen Suche und vielen Vergleichen mit anderen Bars in der Nähe zu Deiner Lieblingsbar wählst.

Eine ideale Bar ist nicht zu beengt und nicht zu dunkel, hat eine lange Theke und ist fast den ganzen Tag über gut besucht. Man sucht sie nicht nur einmal am Tag auf, sondern mehrmals, isst in ihr aber keine normalen Mahlzeiten.

Da ich seit Jahren nur noch in dem venezianischen Stadtsechstel (*Sestiere*) *Dorsoduro* in der Umgebung der Kirche *San Trovaso* wohne, liegt meine Lieblingsbar gleich hinter der *Accademia*, der großen Gemäldegalerie (*Dorsoduro 853/A*). Wenn ich *Da Gino* betrete, schauen mich die beiden Männer in mittlerem Alter hinter der Theke kurz an, um meinen Blick zu erhaschen und die Bestellung mitzubekommen, die ich ihnen gleich nach Eintritt in die Bar zurufe.

Das Betreten einer venezianischen Bar ist ein kleiner Auftritt. Die meisten Venezianer kommen sehr rasch hinein und lassen noch in der Tür ihre laute Begrüßung hören, der sofort eine ebenso laute Bestellung folgt. Sie wollen gesehen und gehört werden, und zwar möglichst rasch, denn sie wollen in ihrer Bar nicht viel Zeit, sondern höchstens einige Minuten verbringen. Man bestellt, man trinkt einen Caffè, man führt eine kurze, zum Ende hin oft rascher und pointierter werdende Unterhaltung, dann zahlt man und verabschiedet sich wieder gut hörbar, als habe man Dringendes woanders zu tun. Es ist, als wäre man nur kurz hineingeweht worden, um gleich wieder in den Gassen Venedigs unterzutauchen.

Die beiden Männer mittleren Alters begrüßen mich also und werkeln eilig an der Kaffeemaschine herum. Sie müssen es schaffen, in einer Stunde Hunderte von Tassen mit einem Cappuccino oder einem Caffè zu füllen. Das ist vor allem deshalb nicht leicht, weil die Venezianer es lieben, auch bei der Bestellung so scheinbar eindeutiger Getränke wie Cappuccino oder Caffè auf kleinen Details zu bestehen. Dann heißt es: Einen Cappuccino, aber bitte mit nur wenig Schaum …, einen Caffè, aber bitte mit einem Schuss (oder, noch schöner: einer Idee) kalter Milch …

All dieser feinen Nuancen wegen wird jede Bestellung noch einmal mit einem fragenden, kurzen Blick zum Kunden wiederholt, der sie seinerseits wiederum abnicken muss: Ja, *einen* Caffè und keineswegs *zwei*, ja, mit einem Schuss *kalter* und keineswegs *warmer* Milch!

Man schiebt mir hin, was ich bestellt habe, eine jüngere Angestellte räumt ab und hat dann später auch ein Auge darauf, dass ich an der Kasse bezahle und die kleine Quittung erhalte, die sie jedem Gast vor dem Hinausgehen in die Hand drücken muss.

Was aber bestelle ich, morgens, sagen wir, gegen sieben (die Bar öffnet um sechs)? Die beiden Männer mittleren Alters haben eine eindeutige Meinung darüber, was man morgens gegen sieben bestellt: einen Cappuccino und nur das, dazu ein Cornetto, ein noch lauwarmes, höchstens mit einem Klecks Marmelade gefülltes Hörnchen, die italienische Variante eines französischen Croissants.

Warum aber soll ich den Morgen nicht mit einem Caffè beginnen? Morgens um sieben wäre ein Caffè noch zu stark und könnte daher den Magen überfallen und reizen. Caffè trinkt man den ganzen Tag über, in kleinen Mengen, immer dann, wenn man eine Aufmunterung braucht. Ganz in der Früh bedarf seine aufrüttelnde Wirkung jedoch noch einer Dämpfung, er sollte sich gleichsam noch ducken oder verstecken, daher lagert er als gedämpfte und jetzt hellbraune Flüssigkeit unter der gut aufgeschäumten und keineswegs mehr flüssigen Milch.

Die Qualität einer Bar bemisst sich nicht selten an der Qualität ihres Cappuccino. In schlechten Bars verliert sich der dünne Schaum schon beim Servieren im Caffè und löst sich bald in einer milchigen Brühe auf; in einer guten Bar aber ist er beinahe so steif wie Eierschnee und kragt leicht über den Rand der Tasse. Wenn Du sie jetzt an die Lippen setzt, spürst Du zuerst das weiche Schaumbett der Milch, dann strömt der Caffè aus der Tiefe nach und lagert sich auf diesem Bett, es ist, als hättest Du eine luftige, flüssige Praline zu Dir genommen.

Da Gino serviert einen vorzüglichen Cappuccino und exzellente Cornetti. Wenn ich etwas mehr Zeit als die meisten Venezianer habe, setze ich mich nach draußen und blättere in den vielen Tageszeitungen, die eine gute Bar für ihre Gäste an jedem Tag bereithält. Irgendwann im Laufe des Tages werde ich dann wieder zurückkehren und etwas

Salziges zu mir nehmen. *Da Gino* hat zwei Glastheken, eine mit den eher süßen Kleinigkeiten für den Morgen, eine zweite mit den salzigen Appetitzüglern für den Nachmittag. (Größere Mahlzeiten, sagte ich schon, sollte man in einer Bar nicht bestellen, auch bei *Da Gino* nicht.)

Du bist nun hellwach, all Deine Sinne sind jetzt geschärft für Deinen Spaziergang. Kurz schlägst Du noch den Regionalteil von *Il Gazzettino*, der venezianischen Tageszeitung, auf, wo Du auf der Seite mit den Stadtnachrichten die wichtigsten Tagesinformationen erhältst, von den auf die Minute exakten Zeitangaben über den täglichen Gezeitenwechsel des Wassers oder den Auf- und Untergang von Sonne und Mond über die Namen der Tagesheiligen bis hin zu den Terminen der frühabendlichen Vorträge und besonders beliebten Konferenzen in den meist unbequemen Vorlesungssälen der Universität. Dann zahlst Du, rufst »ciao« und machst Dich davon, jetzt bist Du bereit für Deine frühen, ziellosen Wege, die Du ohne jeden Blick auf eine Karte zurücklegst.

Ein feiner Sonnendunst kauert noch zwischen den Häusern und lagert auf den Kanälen, Du gehst durch die schmalen, gewundenen Gassen (die *Calli*), von deren Böden die nächtliche Feuchtigkeit aufsteigt, bald aber fluten die ersten Sonnenstrahlen hinein in das Dunkel, es ist, als triebe es das Licht zu den Wassern, als werde sein dünnes, herabnieselndes Blattgold angezogen von all diesem hingelagerten Grün.
Hier und da stehen Fenster und Türen auf, schwarz ausatmende Rechtecke und Quadrate, ein schwacher Modergeruch treibt um die Häuserwände, für einen flüchtigen Augenblick schaust Du in ein Treppenhaus oder einen kleinen, noch ruhenden Innenhof, von Hauswand zu Hauswand

baumeln Wäscheleinen und Leitungen, als hielte das alles sich an den Händen, unauffällig verbunden.

Im Erdgeschoss ist die Zone der kleinen Geschäfte und Läden, eines reiht sich ans andere, getrennt nur von den strengen, weißen Senkrechten der Türen und Eingänge, auf denen die tragenden Balken aus Holz liegen, starke horizontale Momente, über denen die Reihung der größeren Fenster mit ihren grünen Klappläden beginnt, manchmal unterbrochen von einem winzigen Balkon mit seiner pittoresken Blumentopfgarde.

Eine Seite Deiner Gasse liegt noch im Schatten, die andere aber hat schon die Sonne gepackt und trocknet sie aus, Du schleichst durch dieses Zwielicht, indem Du unaufhörlich zwischen Hell und Dunkel changierst, Du wirst von der gewundenen Laufrichtung der Gasse geführt, weichst aus, schlägst Dich zur Seite, ziehst den Kopf ein und gehst ein kleines Stück geduckt ein überdachtes Wegstück (einen *Sottoportego*) entlang, bleibst an einem Uferstück stehen, an dem es nicht weitergeht, drehst, setzt erneut wieder an, bis Du eine der vielen Brücken erreichst, die früher noch breite Rampen zum Hinauf- und Hinabreiten und keine Geländer hatten, jetzt aber mit kurzen und raschen Schritten genommen werden müssen.

Oben, auf ihrer Mitte, machst Du kurz halt, denn immer wieder überrascht Dich dort eines dieser singulären, Dein Herz für einen Moment stocken lassenden Bilder: Du schaust auf einen schmalen Kanal, in dessen Wasser sich der Himmel und die vielfarbigen Hauswände spiegeln, Du erkennst einige scheinbar vergessene Boote, lässig zu beiden Seiten des Kanals postiert und kaum merklich auf der Stelle hin und her schaukelnd, Du erstarrst vor diesen ruhigen Bildern und fragst Dich, wer sie so malerisch komponiert hat, denn sie scheinen der Ästhetik von Stillleben zu folgen, so dass Du Dich selbst inmitten eines Gemäldes wähnst, ja, Du bist der stumme, bewegungslose, mit dem Rücken zum Betrachter stehende Spaziergänger links unten auf einem der vielen venezianischen Genrebilder.

Das Wasser erscheint in seiner tranigen Schwere beinahe regungslos und wellt bei genauerem Hinsehen doch langsam auf Dich zu oder unmerklich von Dir weg, hat also versteckten Kontakt mit jetzt unsichtbaren, ferneren Adern, dabei greift es unaufhörlich nach den grünen Algen-Fundamenten der Häuser, die, kurz der Berührung entzogen und rasch wieder umspült, in diesem steten Rhythmus silbern aufblinken.

So ist Dein Gehen ein geleitetes, kanalisiertes Fließen und Strömen, Du fließt durch die *Calli*, in denen die Sonne aufblitzt und sofort wieder verschwindet, Du strömst und schwappst auf die kleinen Brücken und wieder hinab, sonst aber ist es still, so still, dass jeder Laut Dich einzeln erreicht, die raschen Schritte einer Frau, die ihren Einkaufswagen hinter sich herzieht, das sirrende Pfeifen eines Stars in seinem Käfig, ein dramatisch geführtes Gespräch zu zweit irgendwo in der Nähe, und immer wieder die Grundakkorde des Wassers, sein Rumoren, Klatschen und Schmatzen, die ganze Breviatur gebremster, aber lauernder Kraft.

Schließlich aber brichst Du Dir Bahn, vor Dir öffnet sich die Weite eines Platzes (eines *Campo*), Du kreist noch ein wenig auf ihm wie eine Fliege, die endlich ins Freie gefunden hat. Mit der Zeit wirst Du Lieblings-*Campi* haben, die Du immer wieder aufsuchst, wie zum Beispiel den *Campo San Polo* mit seinen eng an die Apsis der Kirche gelehnten Zypressen, die wie zwei grüne, eng aneinandergelehnte,

schwere Pelzmäntel dastehen, trotzig in all ihrer Winterge-
duld, Du setzt Dich auf eine der roten, geschwungenen
Bänke und erkennst Signora Enrica, die mit ihrem Einkaufswagen vorbeizieht, den weißhaarigen alten Dottore, der sich
so beeilt, als wäre er noch immer auf dem Weg zu einem
wichtigen Termin, oder die junge, ehrgeizige Kunsthistorike-
rin, Signorina Tagliotti, die an der Universität bereits ihre
ersten Seminare über die Bauten des Veneto hält.

Jeder Campo mischt die Einwohner Venedigs auf seine
eigene Weise und gruppiert sie dann wieder zu malerischen
Tableaus, auf dem *Campo San Polo* zum Beispiel tummeln
sich die venezianischen Kinder, sie fahren auf ihren winzigen Rollern und Rädern, spielen Ball, krächzen mit ihren
hohen, nasalen Stimmen, schwirren wie Schwärme winzi-
ger Vögel über den Platz, jagen sich und stoßen gurrende
Taubenlaute aus, während ihre Mütter, Großmütter, Tanten
und Kindermädchen in kleinen Plaudergruppen um die
wenigen Bänke stehen. So hat das Ganze hier etwas Dörf-
liches, es wirkt schlicht, friedlich und seit Jahrhunderten
gleich, Canaletto könnte diese weite Mulde vor zweihun-
dertfünfzig Jahren mit den schönen Palästen ringsum gemalt
haben, sie ist ein kleines, geschütztes und geschlossenes
Terrain, über dessen Häusern Du erst jetzt das Schauspiel
des weiten Himmels gewahr wirst.

Denn dort oben, direkt über Dir, scheinen sich dünne, beinahe durchsichtige Wolkenbänke rasch hin und her zu bewegen, sie verdicken oder zerfallen in feine Fasern und geben dann ein Kobaltblau frei, manchmal nur eine Luke, ein
Bullauge gleichsam, wie ein Tupfer auf einer Palette, dann
aber trennen sich diese flüchtigen Decken nach den Seiten
hin auf, reißen, setzen flusige Ränder an und überspannen
sich, bis die großen blauen Tiepolo-Flächen entstehen.

So ist auch der Himmel unaufhörlich in geheimer Bewegung und findet immer wieder zu den Blautönen seines Himmelswassers zurück, aus dem dann wieder weiße und gräuliche Wolkenstreifen entstehen, niedersinken, sich zu Bänken staffeln und hintereinander gruppieren ... was diesen Himmel zur besonderen Attraktion der venezianischen Maler machte, die hier früh einen Impressionismus erfanden, eine Suche nach den geheimen Akzenten des Lichts in einem scheinbar stillen, unveränderlichen, ganz von den Naturgewalten beherrschten Raum.

Ein Stück weit hast Du jetzt das Labyrinth Venedigs durchstreift, in Wahrheit aber bist Du von Campo zu Campo gelaufen, was bedeutet: von Kirche zu Kirche, denn die meisten *Campi* werden auf einer Seite von einer Kirche mit ihrem frei stehenden Campanile beherrscht. So bist Du also genaugenommen von einem Pfarrbezirk (einer *Parocchia*) in den anderen übergesetzt, noch heute tauchen die Namen dieser Pfarrbezirke an den Hauswänden vieler Gassen und an ihren Kreuzungen auf, sie bezeichnen den Urzustand Venedigs, sein Wuchern und Wachsen von Gemeinde zu Gemeinde und damit von Insel zu Insel, daher ist die eigentliche Karte dieser Stadt eine Karte ihrer Kirchen und Pfarrbezirke, und daher unterliegt noch heute jede Orientierung von Campo zu Campo geheimen Grenzübertritten von einem geheiligten Terrain in ein anderes.

Ein weiteres Geheimnis Venedigs hat so mit seinen vielen Kirchen zu tun, denn jede dieser Kirchen beinhaltet nicht nur eine Erzählung vom Leben einer Pfarrei in der Lagune, sondern hat vor allem einen eigenen Charakter, der auf die ganze Umgebung ausstrahlt und daher die Atmosphären der venezianischen Stadt-Räume prägt und bestimmt.

In ihrer typischen Form ist diese Kirche nicht allzu groß, sondern eher häuslich, gedrungen und klein, meist auch dunkel, eine Art dunkler Höhle (wie sie San Marco dann in größtem Maßstab entwirft), immer aber auch ein wenig wie ein größeres Wohnzimmer mit mildem, seitlichem Lichteinfall, in dem sich wie in einem Wohnzimmer an den Wänden die Mitbringsel und Habseligkeiten auf oft chaotische Weise drängen und stauen, ein Altar neben dem andern, Bild neben Bild, Kerzenständer und Bänke, Teppiche, bunte, leuchtende, oft leicht gewellte Steinfußböden ..., so dass dieses ganze Kabinett von Architektur, Dekoration und liturgischen Geräten etwas Intimes, beinahe Privates hat, als beträte man einen von den Jahrhunderten eingerichteten Raum, in dem die alten Pfarrheiligen von jeher die duldsamen, den Fremden freundlich aufnehmenden Gastgeber sind.

Die Wege des frühsten Morgens liegen jetzt hinter Dir, ein erstes Ziel hast Du erreicht, es ist eine kleine venezianische Kirche an einem der vielen *Campi*, vielleicht ist es *San Polo*, Du gehst hinein, in ihrem kühlen Weihrauchdunkel ruhst Du Dich einen Moment aus, bis sich Deine Augen ans Dunkel gewöhnt haben und die ersten Altarbilder hinter einer kleinen Phalanx brennender Kerzen aufglimmen. Du gehst langsam an ihnen entlang, mit ihrer Hilfe erzählten die venezianischen Maler ihrer Stadt die Bibel, so dass sich an den Wegrändern Venedigs eine fortlaufende bunte Bildererzählung von kleinen Szenen, großen Augenblicken und dramatischen Geschichten auftut.

In manche Kirchen gehst Du immer wieder hinein, um ein einziges Bild wieder und wieder zu sehen, so die rührend stille Szene eines Malers des frühen 16. Jahrhunderts in *San Salvador*, in der die beiden nichtsahnenden Jünger mit dem wiederauferstandenen Christus im abendlichen Emmaus so zu Tisch sitzen, wie es das Lukasevangelium erzählt, es ist genau der Moment, in dem Christus das Brot nimmt, es segnet und bricht, und an genau diesen Abendmahlsgesten erkennen ihn dann die beiden Jünger, von denen der eine sich noch an seinen Wanderstab klammert, den der andere schon abgelegt hat, hinzugesellt haben sich aber noch zwei andere vornehme, sehr geheimnisvolle Gestalten aus dem reichen Fundus der vornehmen, älteren Männerfiguren Venedigs, der eine trägt einen Turban, der andere ein priesterlich strenges schwarzes Gewand, zusammen mit Christus sitzen die beiden Geheimnisvollen auf einer zentralen Bank, während den beiden Jüngern nur Randplätze auf kleinen Schemeln zugestanden werden.

Der Tisch dieses »kleinen Abendmahls« erinnert an einen einfachen Tapeziertisch, ein zu kurzes weißes Tischtuch, das die staksigen Tischbeine nicht verdeckt, ist darüber gebreitet, es ist gedeckt, man erkennt Fische und auch Geflügel, außer einem einzigen Messer gibt es aber kein weiteres Besteck für die fünf, auch steht da deutlich sichtbar ein Krug mit Wein, es gibt jedoch keine Gläser, die abendliche Mahlzeit erscheint also improvisiert, als ginge es gar nicht ums Essen und Trinken, sondern um diesen einen Moment innerer Spannung, den Moment, in dem die gebannt schauenden Jünger der Schock der Erkenntnis durchfährt.

So erzählt das Altarbild der Kirche *San Salvador* eine Sequenz des Neuen Testaments auf rätselhafte, kuriose und in den Details sogar verspielte Weise; in diesem unbekümmerten, aber direkten Umgang mit solchen Geschichten liegt etwas typisch Venezianisches, denn eine orientalische Fabulierlust, eine Freude am Kleinen, sonst für unbedeutend Gehaltenen, mischt sich hier mit einem auf die inneren Reaktionen der Figuren zielenden Blick; im glücklichen Fall finden zwei Momente zusammen, die sich sonst ausschließen, hier jedoch etwas Drittes ergeben: die frisch erzählte und atmosphärisch durchtränkte, intime Aneignung eines großen Stoffs.

Du hast Deinen kleinen Rundgang durch den dunklen Kirchenraum von *San Polo* jetzt beinahe beendet, als Du auf das kleine Oratorium stößt, früher als eigentlicher Vorraum zur Kirche gedacht, liegt es jetzt kaum beachtet eher im Abseits. Du betrittst es durch eine knarrende Holztür und stehst in einem der schönsten Kirchenräume Venedigs.

Der leere, langgestreckte, von keiner Säule getragene rechteckige Raum mit seinem rot-weiß gekachelten Boden und einem Altar an der Frontseite, vor dem sich eine kleine Kuppel erhebt, ist ein Andachtsraum von ergreifender Schlichtheit und Strenge, an den Wänden wird er durch die gleichformatigen Kreuzweg-Szenen des Giandomenico Tiepolo, Sohn des bekannteren, deshalb aber nicht unbedingt besseren Giambattista Tiepolo, beherrscht, die in ihrer erzählerischen Folge genau auf den Raum abgestimmt sind.

Kaum ein Mensch verliert sich hierher, von draußen dringen die Kinderstimmen des *Campo San Polo* hinein, Du hörst Bruchstücke des weichen, säuselnden Straßengeschnatters (*ciao amici, ciao, ciao, ciao ragazzi*), dann begreifst Du, dass Giandomenico diese Kreuzweg-Szenen 1747 als Zwanzigjähriger malte, sie waren sein erster bedeutenderer Auftrag, mit ihnen legte der letzte große und dann wohl modernste Maler Venedigs sein Meisterstück ab.

Der Zyklus beginnt mit der Szene, in der Jesus zum Tode verurteilt wird, er steht in weißem Gewand hinter einer noch weißeren Brüstung, der Holzbalken des Kreuzes wird schon herbeigeschafft, während das Volk unten jubelt, aufschreit, die Arme reckt, in den sonst leeren, fahlen Himmel aber ein kleiner Vogelschwarm aufsteigt, bedrohlich und fremd.

Auch auf den weiteren Bildern wird dieser Vogelschwarm dann wieder erscheinen, sich auf die Stadt senken oder abdrehen, die Bilder erzählen die Passionsgeschichte, indem sie einzelne Bildmomente fortführen und dann leicht variieren, die großen Szenen aber – Jesus begegnet seiner Mutter, statuengleich steht sie plötzlich vor ihm, das schwere blaue Gewand geschlossen, das Gesicht fast verborgen, seine Ankunft in der Kindheit besiegelnd – sind ganz wie filmische Szenen gestaltet, alles ist zurückgenommen auf die Begegnung des Verurteilten mit einer ihn begleitenden oder ihm entgegenkommenden Gruppe oder einem bekannten oder geliebten Menschen, Giandomenico Tiepolo erzählt die Passion als Drama, als Folge »großer Augenblicke«, ohne Menschenmassen oder effektvoll beschworene Landschaften und Hintergründe, völlig konzentriert auf die psychischen Tiefenschichten der Szenen, die wenige Andeutungen dann auch in den Raum ausstrahlen lassen: ein Vogelschwarm, eine Büste in einer Mauernische, ein abschüssiger Feldweg …

Als Du *San Polo* verlässt, spürst Du Hunger und Durst, nur wenige hundert Schritte wirst Du noch gehen müssen bis zu den Lagerstätten und Märkten Uralt-Venedigs, bis zu den kulinarischen Paradiesen am *Rialto*, die Du zur besten Tageszeit aufsuchst, jetzt, am späten Vormittag, zur Einstimmung auf den Mittag.

Die Kostproben des späten Vormittags

Wenn Du von der *Rialto-Brücke* nach Westen schaust, blickst Du auf die *Ruga degli Oresi*, die alte, schnurgerade Gasse der Geschäfte und Läden, die in ihrem Aussehen noch immer an die frühsten Zeiten erinnert, als hier Gold, Schmuck und die edelsten Stoffe verkauft wurden. Heute erkennst Du die helle Flucht der Arkaden und die über die Gasse ragenden Markisen der kleinen Boutiquen, die sich an die Apsis der Kirche *San Giacometto* zur Rechten anschmiegen. Der Legende nach ist *San Giacometto* die älteste Pfarrei der Stadt, genau in ihrer Mitte entstanden, an der zentralen Kreuzung ihrer Wegadern und damit auch an ihrem wirtschaftlichen Zentrum.

Die Kirche mit ihren drei freihängenden, gut sichtbaren Glocken, der Sonnenuhr inmitten ihrer Fassade und der römisch anmutenden Säulenvorhalle sowie dem kleinen Platz davor und den Arkaden ringsum hat Canaletto gemalt, es ist eine der typischen venezianischen Kirchen, die den vor ihr liegenden Platz wunderbar rahmt, jetzt, am späten Vormittag, kommen die älteren Frauen nach dem Einkauf mit ihren raschelnden, gefüllten Einkaufstüten herein, berühren die Füße des Gekreuzigten an dem Kruzifix gleich hinter dem Eingang, plappern miteinander ein wenig vor den kleinen Altären, zünden eine Kerze an und zwängen sich schließlich in die kleinen, wackligen Holzbänke mit ihren hochklappbaren, durch dicht unterfüttertes Leder gepolsterten Kniebänken.

Die Lastträger und die Kornsieber, die Ölgießer, die Käseverkäufer und die Goldschmiede hatten und haben in *San Giacometto* ihre Altäre, deshalb hat jeder Altar ein Gemälde, das den jeweiligen Patron zeigt, der wiederum seinen

eigenen Festtag hat, so ist diese kleine Kirche mit ihren sechs dunklen Säulen und dem rot-weißen Fußboden das geistliche Zuhause der am Markt tätigen Stände, die das ganze Jahr über ihre jeweils eigenen Feste in ihr verbringen.

Du verlässt den vor ihr gelegenen schönen Platz durch eine Arkade an seinem hinteren Eck und bemerkst gleich zur Linken die Bar *Al Mercà* (*Campo Bella Vienna*, 213), die mit ihrer winzigen Theke und den hohen Hockern zu beiden Seiten eher wie ein geschützter Unterschlupf in einem kleinen Laden aussieht. Neben ihrer Theke gibt es eine kleine Vitrine, in der sich jetzt auf flachen, weißen Tellern und Platten die sogenannten *Cicchetti* stapeln, die von Stunde zu Stunde frisch zubereitet werden, während man dem Gast von einem der etwa dreißig offenen Weine einschenkt.

Die kleinen, höchstens handtellergroßen *Cicchetti* sind eine typische venezianische Institution und sagen über die Kultur und den Geist dieser Stadt ebenso viel aus wie ihre dunklen, verträumten Kirchen mit ihren Patronen und Pfarrheiligen. Angeboten werden sie in den venezianischen *Bàcari*, jenen kleinen, oft dunklen Stuben mit offenem Weinausschank, in denen sie einen Schluck Wein begleiten, den Schluck eines Gläschens Weißwein oder Rotwein (*Ombra*) im Stehen direkt an der Theke.

Die *Cicchetti* sind also nicht mehr als ein Hauch, eine Geschmacksprobe, ein konzentrierter Kitzel von Zunge und Gaumen, auf den der kleine Schluck Wein antwortet und den er erwidert, *Cicchetti* und *Ombra* gehören zusammen, bis heute ist nicht recht klar, warum die Venezianer ein solches Schlückchen *Ombra* (Schatten) tauften, man vermutet, es habe mit dem früheren Trinken des Weins an schattigen Plätzen zu tun, Du aber glaubst daran nicht so recht, sondern horchst lieber auf die venezianische Musikalität dieses Worts, auf seinen dunklen, rätselhaften Klang, der dem von *Ruga* verwandt ist und genau zu der Verführung passt, die das Trinken eines guten Glases Wein bedeuten kann.

Ab halb zehn hat die Bar *Al Mercà*, die man wegen ihrer vorzüglichen Weine und ihrer ebenso guten *Cicchetti* auch als *Bàcaro* bezeichnen könnte, geöffnet, morgens kommen die Händler vom nahen Gemüse- und Fischmarkt hierher zu ihrem Frühstücks-Prosecco oder Zehn-Uhr-*Ombra*, viele finden sich danach in beinahe stündlichem Rhythmus wieder ein, denn ein *Ombra* (0,1 l) hält in seiner anregenden, die Laune während des frühen Morgens angenehm steigernden Wirkung etwa genau eine Stunde.

In der Vitrine aber liegen die mit bestem Schinken oder mit Käse belegten Panini, eine besondere Spezialität sind die winzigen Pasteten mit ihren sehr dünnen, goldbraunen Blätterteigrändern, gefüllt mit Pilzen und Speck, mit Zucchini, mit Radicchio oder mit Spinat und Ricotta. Francesco rät, mit einem weißen, leicht moussierenden Wein zu beginnen, und Du bestellst dazu ein *Cichetto* mit weißem, gekochtem, durch eine Spur Öl, keinesfalls aber Sahne, etwas cremig wirkendem Stockfisch (*Baccalà mantecato*), der die Zunge als ein leicht salziges Püree wie ein dünner Film überzieht, den der moussierende Wein dann durchschäumt.

Zur Rechten der Bar *Al Mercà* triffst Du beim Weitergehen dann auf die *Casa del parmigiano*, die es seit 1936 gibt und in der Du den besten Käse der *Rialto*-Gegend erhältst, aber auch Schinken aller Sorten und sardischen Honig, während sich am nächsten Eck ein Laden mit hausgemachter Pasta befindet, dessen Spezialität die vorzüglichen *Bigoli*, dunkle, etwas dickere Spaghetti aus Vollkornweizenmehl, sind, die man in Venedig mit Sardellen oder mit einer Sardellensauce an Freitagen und anderen fleischlosen Tagen, aber auch an großen Feiertagen wie Heiligabend, Karfreitag oder Aschermittwoch isst.

Gegen elf Uhr ist der Platz vor der Bar *Al Mercà* dann endgültig zu einem großen Treffpunkt für Wein- und Proseccotrinker geworden. Viele Gruppen von auch jüngeren Venezianern stehen jetzt dort, trinken und unterhalten sich, diskutieren die aktuellen Tagesthemen und kaufen später ganz in der Nähe ein. Samstags ab etwa zwölf Uhr wird auf diesem Platz fangfrischer frittierter Fisch mit einem Glas Wein verkauft, man isst ihn aus der Hand als leichte Vorspeise oder Appetitanreger.

Nach einer solchen Stärkung erreichst Du jetzt den bunten, großen Gemüse- und Obstmarkt direkt am *Canal Grande*, im Hintergrund gleiten die Lastkähne und Vaporetti wie an Schnüren gezogen vorbei, während Du die kleinen Wunder des Marktes betrachtest, die handgroßen, fein gemaserten Artischockenböden, die zusammen mit vielen Zitronenstücken in hellen Wasserbottichen schwimmen, die kleinen, violetten, spitz zulaufenden venezianischen Artischocken von der Gemüseinsel *San Erasmo* und die dickeren, römischen, wie gepanzert erscheinenden, die in dichten Stapeln neben den grünen Zucchinischäften mit ihren orangegelben, leicht angetrockneten Blüten liegen.

Du erkennst die verschiedensten Sorten Spargel, weiß, grün, saftige Erdbeeren, kleine Himbeeren und Blaubeeren, Äpfel, Birnen, Pfirsiche, Aprikosen, winzige Bananen und Kapstachelbeeren, getrocknete Feigen und Datteln – all diese Waren liegen in verschwenderischer Fülle auf den Tischen der überdachten Stände, die Blicke der Käufer sollen sich an ihnen festsaugen und sattsehen, deshalb sind die Waren ausgeleuchtet wie Opernfiguren auf der Bühne des *La Fenice*, die Lampen aber hängen, dramaturgisch geschickt versteckt, zwischen dicken Knoblauch- und Zwiebelzöpfen.

Auf den Rialto-Märkten einzukaufen, bedeutet auch, sich mit den Verkäufern zu unterhalten, Rezepte kennenzulernen und auszutauschen. Einige von ihnen habe ich jeweils am Schluss der nun folgenden Kapitel abgedruckt. Es handelt sich dabei immer um Rezepte, die ich von Verkäufern, Köchen oder Gastwirten in genau diesen Rezeptkompositionen erhielt. Manchmal habe ich sie auch direkt in der Küche eines Ristorante oder einer Trattoria notiert. Es sind dezidiert venezianische Lieblingsspeisen, wie sie auf den Karten der guten Restaurants auftauchen.

Baccalà mantecato
Stockfischmus

600 g gewässerter und entgräteter Stockfisch
Olivenöl
1 Bund Petersilie
2 Knoblauchzehen
Salz, Pfeffer

Den zuvor ausreichend lange (mind. zwei Tage) gewässerten Stockfisch in eine Kasserolle geben, mit kaltem Wasser bedecken, aufkochen lassen und bei schwacher Hitze etwa 30 bis 40 Minuten kochen. Den Fisch nach Ende der Kochzeit eine Zeitlang im Wasser ruhen lassen, das Wasser abgießen, den Fisch enthäuten und in sehr kleine Stücke teilen. Olivenöl dazugießen und die Fischstücke mit einem Holzlöffel so lange verrühren, bis eine weiße, cremige Masse entsteht. Petersilie waschen, Knoblauch schälen und beides sehr fein hacken. Dazugeben und mit Salz und Pfeffer würzen.

Das Ergebnis ist ein Stockfischmus, das ganz ausgezeichnet auf kleinen gerösteten Brotscheiben oder Scheiben gerösteter gelber Polenta schmeckt.

Fondi di articiochi
Gedünstete Artischocken

12 Artischockenböden
Zitronensaft
Olivenöl
Trockener Weißwein
2 Knoblauchzehen
Petersilie
Salz, Pfeffer

Die Artischockenböden in mit Zitronensaft gesäuertes Wasser legen, damit sie sich nicht verfärben. Knoblauch schälen, grob hacken und in etwas Olivenöl andünsten. Knoblauch herausnehmen und die abgetropften Artischockenböden im Öl andünsten. Etwas Weißwein hinzufügen und die Böden in Wein und Öl langsam garen. Wenn sie weich sind, leicht salzen und pfeffern. Die Petersilie waschen, trockenschütteln und hacken. In den Artischockenböden verteilen und die Weißwein-Öl-Sauce darübergeben.

Fiori di suca
Frittierte Zucchiniblüten

12 Zucchiniblüten
100 g feines Mehl

Eiweiß von 2 Eiern
1 Glas trockener Weißwein
Olivenöl
Salz, Pfeffer

Das Eiweiß schlagen und mit Mehl und Wein zu einem Backteig verrühren. Die Zucchiniblüten langsam durch den Teig ziehen und abtropfen lassen. Das Olivenöl erhitzen, die Blüten darin unter Wenden frittieren, bis sie an den Rändern leicht braun sind. Mit einer Schaumkelle herausnehmen und auf Küchenpapier abtropfen lassen. Salzen und pfeffern.

Im »Do Mori« kurz vor Mittag

Indem Du Dich zu den kleinen Läden in den Erdgeschossen der nahe gelegenen Markthäuser am Rialto zurückwendest, gerätst Du jetzt in die Zone der Metzgereien, in den Auslagen liegen Kalbs- und Schweinenieren, Leber, Kalbskutteln, Lamm, Wachteln, Enten, Gänse und Fasane, Kaninchen und Hähnchenfüße zum Ausbraten, dann triffst Du auf das Zentrum der *Rialto*-Märkte, den schönsten Markt, den Du kennst, den Fischmarkt in den beiden Arkadenhallen direkt am *Canal Grande*.

Bevor Du ihn aber betrittst und Dich damit dem Meer und der Lagune Venedigs näherst, suchst Du noch das *Do Mori* auf, eines der ältesten venezianischen *Bàcari*, wo sich deren Rituale, Speisen und Weine erkunden lassen wie nirgends sonst in Venedig.

Das *Do Mori* liegt gut versteckt ganz in der Nähe des Fischmarkts in einer Gasse, die nach ihm benannt ist (*Calle dei Do Mori*). Im Grunde ist es ein dunkler Hausdurchgang von einer Gasse zur anderen, viel Licht fällt auch an sonnigen Tagen nicht herein, so dass man beim Eintritt glaubt, sich in einen Unterschlupf oder ein Versteck zurückzuziehen, wo man sich nahe dem Marktgetümmel in aller Stille den exquisitesten Genüssen hingibt. Es öffnet morgens gegen halb neun, die Gäste werden dann zwölf Stunden durchgehend bis in den Abend bedient.

In der Fensternische links befindet sich der kleine Küchentrakt, wo die *Cicchetti* frisch zubereitet werden, wo der Schinken hauchdünn geschnitten und der Käse in kleine Portionsstücke zerlegt wird. Zwei voneinander getrennte Vitrinen gliedern die Theke, in der einen sind die warmen (und meist kräftigeren) *Cicchetti* untergebracht, geschmorte und gefüllte Artischockenböden, winzige *Bruschette*, farciertes Fleisch, von einer dünnen Saucenhülle umgeben, gekochtes Gemüse oder gekochte Eier mit Sardellen, in der anderen liegen die besten *Tramezzini* und *Crostini* der Stadt, die *Tramezzini* ruhen, um sie vor dem Austrocknen zu bewahren, in bunten Küchentüchern.

Tramezzini werden mit einem eigens dafür gebackenen luftigen hellen oder dunklen Brot ohne Rinde hergestellt, das Brot sollte absolut frisch und luftig bleiben, sonst schmeckt es wie fades Toastbrot, es darf aber im eigentlichen Sinne gar nicht nach Brot schmecken oder sonstwie dominieren, denn es ist nur der Halt der Füllung, so dass die obere Scheibe sich in der Mitte wie eine venezianische Brücke leicht wölbt, denn dort ist die Füllung untergebracht, klein gehackter gekochter Schinken mit angeschmorten Pilzen, geschmorter Radicchio in einer Zwiebelsauce oder dünne Spanferkelscheiben.

Das *Do Mori* bietet etwa zehn verschiedene *Tramezzini*-Sorten an, die viel kleiner, wegen ihrer konzentrierten, intensiv schmeckenden Füllungen aber auch viel besser als anderswo sind, sie haben eine fast mundgerechte Größe und zergehen beim Kauen so, dass die weichen Brotscheiben, die man zuerst wie einen neutralen Vorhof schmeckt, sich dann in den vielen Geschmacksnuancen der Füllung auflösen.

Die *Crostini* dagegen sind bereits kurz im Ofen gegrillte ovale Brotscheiben, die mit einer Farce, mit dünnen Scheiben geräuchertem Lachs, geschmorten Steinpilzen oder jenen vorzüglichen Cremes bestrichen sind, auf deren Herstellung die venezianische Küche seit Jahrhunderten besondere Sorgfalt verwendet hat.

Auf der Holztheke des *Do Mori* steht zwischen den beiden *Cicchetti*-Vitrinen ein großer Holzbottich mit Eiswasser, in dem die bereits geöffneten Flaschen gekühlt werden, aus denen nun ausgeschenkt wird, die besten Flaschen sind aber separat gelagert, in den Kühlaggregaten eines Nebenraumes oder unter der Theke, in kleinen Kühlschränken. Du blickst jetzt auf die zwei mit Kreide beschriebenen Tafeln des Gesetzes hinter der Theke, direkt neben den Holzregalen mit den noch leeren, lockenden Gläsern, auf der einen werden die jungen, frischen Weine angeboten, auf der anderen die ehrwürdigen Jahrgänge, alles nur in Gläsern zu 0,1 l, man soll nippen, probieren und keineswegs hastig trinken, deshalb runzeln die beiden sehr kompetenten, den Ausschank zelebrierenden Herren irritiert die Stirn, wenn ein lautstarker Touristenschwarm aus dem Norden einfällt und »gleich mal eine Flasche« bestellt.

Die einheimischen, meist älteren Venezianer lösen das 0,1-l-Problem anders und vor allem gesünder, sie kommen frohlockend, also mit sichtbarer Vorfreude auf den Genuss eines Glases, hinein, bestellen wie in einer Bar rasch und mit einer gewissen Lautstärke, unterhalten sich kurz und verschwinden nach höchstens fünf, sechs Minuten wieder, um eine kleine Runde durch die benachbarten *Calli* zu drehen, dann aber erneut zu erscheinen und erneut frohlockend ein Glas zu bestellen.

Bestellt wird vorn an der Theke, in der ersten Reihe gleichsam, mit dem Glas in der Hand tritt man zurück in die zweite und weicht nur, wenn man sich entschlossen hat, länger zu bleiben, in die hinterste, dritte aus, wo man unter den jahrelang gelagerten, längst zur Ruhe gekommenen und daher eine gewisse Feierlichkeit ausstrahlenden Flaschen hoch oben auf den Emporengalerien der alten Holzregale unter der Decke im Dunkel vor sich hin dämmert.

In einem Eck brennt ein einziges Kerzenlicht, an der Wand aber entdeckst Du zwei Seiten der alten *Gazzetta Veneta* vom 21. Juni 1760, wo das *Do Mori* erwähnt ist, Du setzt Dein Glas jetzt auf einer winzigen, schmalen Holzlehne ab, vor Deinen Augen vollziehen sich die raschen Auftritte der *Ombra*-Trinker, Du bemerkst, dass französische Touristen es lieben, sich die gesamte *Cicchetti*-Karte möglichst detailgenau ins Französische zu übersetzen (»l'aubergines avec des l'herbes et …«), während deutsche Touristen *Cichetti* schlicht zu »liebevoll zubereiteten Häppchen« erklären.

Manchmal aber bist Du sogar für wenige Minuten allein im *Do Mori*, Du schaust kurz hinauf zu den vielen alten Kupferkesseln an der Decke, in denen früher die Polenta über dem offenen Herdfeuer zubereitet wurde, Du trittst nach vorn an die Theke und bestellst ein Glas *Cartizze* und dazu ein kleines Arrangement von zwei, drei *Cicchetti* auf einem schlichten, weißen, kreisrunden Teller. Dann ziehst Du Dich wieder ins Dunkel, in die Nähe des einzigen Kerzenlichts, zurück, denn Du bist der alte Zaungast aus dem Jahr 1760, ein bloßer Schatten des alten Venedig vor seinem Untergang und der Besetzung durch Franzosen und Österreicher, Du bist der ruhig dasitzende Schwarzhaarige auf Pietro Longhis Bild *La Polenta* aus dieser Zeit (das in der *Ca' Rezzonico* hängt), die goldgelbe duftende Masse gleitet aus dem Kupferkessel gerade auf das weiße Tischtuch, am Mittag wirst Du sie kosten.

Ein typisches *Bàcaro* wie das *Do Mori* hat eine klare, schlichte Ästhetik, es gibt in ihm keine Thekenhocker und Tische und Stühle höchstens im Abseits. Man betritt es, um im Stehen eine stete Steigerung des Genusses zu zelebrieren, man beginnt mit zwei oder drei kalten *Cicchetti*, man wählt zu ihren Geschmacksrichtungen den passenden Wein, geht über zu den warmen *Cicchetti* und wählt erneut ein Glas, so fügen Kosten und Trinken sich zu einer jeweils einzigartigen Komposition. Die Verführung ist groß, dieses Komponieren gleich in anderen *Bàcari* fortzusetzen, von früh bis spät könnte man sich auf einer *Bàcari*-Tour durch Venedig bewegen, ohne irgendwo lange einzukehren, ganz dem Genuss hingegeben.

Die Gegend um den *Rialto* ist die Zone der lüsternen älteren Venezianer, die man wahrhaftig bei solchen Touren beobachten kann. Im Herbst und Winter ziehen sie mit ihren kleinen Hüten, den Schiebermützen, ihren dicken, gefütterten Westen, Pullovern und Mänteln händereibend, als kämen sie gerade von der Entenjagd in der Lagune, von einer Kostprobe zur anderen.

Trippa
Kutteln

1 kg Kalbskutteln, vorgekocht und gesäubert
1 große Zwiebel
50 g roher Schinken mit etwas Fett
1 Stengel Rosmarin
Etwas Thymian
0,7 l Rindfleischbrühe
100 g geriebener Parmesan
1 Glas trockener Weißwein
Olivenöl
Salz, frisch gemahlener Pfeffer

Den Schinken, die Zwiebel, Rosmarin und Thymian fein hacken und in Olivenöl andünsten. Die Kutteln dazugeben, salzen, pfeffern und mit der Brühe übergießen, dann alles etwa zwei Stunden auf kleiner Flamme schmoren lassen. In der Hälfte der Kochzeit den Wein dazugeben, zum Schluss noch eine Handvoll geriebenen Parmesan unterrühren.

Die Kutteln schmecken hervorragend zur gelben Polenta, aber auch zu gutem dunklem Bauernbrot.

 **Polenta**
Maisbrei

 1 kg grobes Maismehl
 3 l Wasser
 Salz
 200 g frische Butter
 200 g frisch geriebenen Parmesan

Das Maismehl unter ständigem Rühren in 3 l kochendes Salzwasser rieseln lassen, ständig weiterrühren, bis die Masse glatt ist. In eine große Schüssel geben, Butter und Parmesan hinzufügen und langsam unterrühren.

Man isst die Polenta zu Fisch oder gebratenem Fleisch, sehr gut schmeckt sie aber auch zu den vorzüglichen venezianischen hausgemachten Würsten (*Soppresse, Salsicce*).

 **Pearà**
Pfeffercreme

 200 g Rindermark
 40 g Butter
 400 g Semmelbrösel
 1 l heiße Rindfleisch-Hühner-Brühe

1 kleine Tasse geriebener Parmesan
Salz, frisch gemahlener Pfeffer

Die Butter in einer Kasserolle erhitzen, das Rindermark dazugeben und bei schwacher Hitze auslassen, die Semmelbrösel hineinrühren. Die heiße Brühe dazugießen und alles 2-3 Stunden köcheln lassen, ab und zu umrühren. Etwa 30 Minuten vor Ablauf der Kochzeit den Parmesan unterrühren, etwas Salz und sehr viel gemahlenen Pfeffer dazugeben. Noch warm servieren.

Péar meint im venezianischen Dialekt Pfeffer, die Pfeffersauce oder Pfeffercreme ist eine sehr beliebte venezianische Salsa, die aber den Vergleich mit der noch älteren Peverada nicht aushält.

Die Altäre des Meeres

Vom *Do Mori* gehst Du direkt hinüber zum Fischmarkt. Die Architektur der beiden schönen offenen Hallen ähnelt der von sakralen Bauten, so hat die größere drei Säulenreihen mit einer hohen tragenden in der Mitte, eine schwere Holzdecke und Arkaden zu beiden Seiten, während die Säulenkapitelle der kleineren von munteren Fischköpfen geschmückt werden.

Schon von weitem hörst Du das kehlige Rufen und Anpreisen der Verkäufer, Du mischst Dich nun unter die hereindrängenden Scharen, die sich immer wieder zu kleinen sich unterhaltenden Gruppen zwischen den Ständen versammeln. Neben den Ständen stehen schwere Bottiche, in die laufend Frischwasser fließt, das über die Ränder simmert, es riecht salzig nach den Fisch-Tang-Schleim-Häuten des Meeres, Styroporkisten mit fein zerstoßenem Eis stehen dicht nebeneinander, wie zu weißen Iglu-Mauerquadern gestapelt.
Langsam gewöhnen sich Deine Augen an das gleißende Licht der Kunstleuchten, das weiche und wärmende Sonnenlicht darf nicht hineindringen, daher sind die Arkaden in ihrem spitz zulaufenden oberen Teil mit grünen Wachsplanen verhängt, so bleibt es im Innern der Hallen kühl. Auf den Betten und Lagern aus zerstoßenem Eis ruhen die Fischleiber ohne jede weitere Dekoration wie Prunk- und Ausstellungsstücke angestrahlt von den Leuchten, die sie ins rechte Licht setzen und zum Schillern bringen, regelmäßig werden sie von neuem besprüht, so dass ihr Glänzen und Glimmern sich noch verstärken.

Du gehst jetzt durch eine Kühlkammer, in die das nahe Meer sich ergossen hat, Du riechst es immer stärker, die allgegenwärtige eisige Feuchtigkeit setzt sich an Deiner Haut, an Schläfen und Stirn ab. Die größeren Fische werden auf schweren, weißen Marmorplatten mit dem Messer zerlegt, während die kleineren in Rudeln und Schwärmen auf den Eisbetten ruhen, Du bleibst stehen, Du nimmst sie jetzt in ihrer einzelnen, unvergleichlichen Schönheit wahr, auf den Altären des Meeres vor Dir leuchten die Farben auf und setzen sich zu Bildern zusammen.

Das schillernde, am Rücken in ein Blaugrün übergehende Glattsilber der Sardinen, die schwarze Tinte, die sich in feinen Schlieren über die grauweißen Tintenfischleiber legt, die geschlossenen Fächer der orangefarbenen Jakobsmuscheln neben den dunkelroten Thunfischscheiben, die großen Augen der Petersfische mit ihren leicht geöffneten, seufzenden, aufstöhnenden Mündern – Dich befällt die Versuchung, das alles zu berühren und in die Hand zu nehmen, so verführerisch nahe rückt es an Dich heran.

Die roten Rückenpanzer der Seespinnen sind noch mit Feldern von Seepocken überzogen, ein schwerer Hummer schimmert mit seinen ausgreifenden Zangen tizianrot, während die glatten, schmalen und wendigen Leiber der Aale unterhalb der noch nicht ganz abgetrennten, aber angeschnittenen Köpfe leicht bluten, auch einige Lachsforellen liegen mit aufgeschnittenen, auseinandergeklappten Leibern dramatisch da, unter der leuchtenden Haut sitzt das feste, in Orangetöne übergehende Fleisch, in ihrer Mitte aber erkennst Du das Grätenspalier und auch hier kleine Streifen von dunkelrotem, bereits erstarrtem Blut.

So drehst Du langsam und betäubt Deine Runden, ein schwerer Rochen bäumt sich vor Dir auf wie mit weit ausgebreiteten Flügeln, Du erkennst Schwertfische und die kompakten, beinahe aufgedunsen erscheinenden Thunfischleiber und in den vielen Styroporkisten immer wieder die wimmelnde, zu Hunderten daliegende Brut, Gamberetti, lachsfarbene Scampi, Meeresschnecken und die noch lebenden, in ihrem hellen Schleim schimmernden Krebse – all das scheint nur darauf zu warten, von Dir gekauft, zubereitet und gegessen zu werden, und erinnert Dich plötzlich an Richard Cantwell, den amerikanischen Oberst in Hemingways bereits zitiertem Roman, der vor über fünfzig Jahren hier seine Runden drehte und ebenfalls die Hummer, Aale und Krebse bewunderte, bis er der Versuchung, etwas von dem allem zu kosten, nicht mehr widerstehen konnte und sich sechs Venusmuscheln öffnen ließ, um sie sofort roh zu verzehren.

Cantwell trinkt zuerst den Saft, dann lässt er sich von einem Fischverkäufer ein gebogenes Messer geben und schneidet, wie es dann heißt, besser als selbst der Fischverkäufer es gekonnt hätte, »ganz dicht an der Muschel entlang«. Mit so einfachen, indirekten Hinweisen deutet Hemingway an, was für ein imponierender, welterfahrener Bursche sein Richard Cantwell ist, er ist sogar so welterfahren, dass er das Muschelfleisch besser als ein venezianischer Fischverkäufer aus einer Muschel schneiden kann.

Du kannst so etwas nicht, deshalb überlegst Du, wo man Dir die Meeresfülle dieses Marktes jetzt wohl am besten in ihrem einfachen, möglichst wenig veränderten Dasein präsentieren würde, und sofort fällt Dir das *Corte Sconta* ein, das weit draußen, in einem abgelegenen Winkel des *Sestiere Castello* (*Calle del Pestrin, 3886*) liegt, die meisten guten Restaurants Venedigs liegen übrigens in solch abgelegenen, kaum durchlaufenen Winkeln. Das *Corte Sconta* kokettiert sogar mit seiner Abgelegenheit und liefert selbst eine Beschreibung seiner Lage, die ich ihrer sprachlich-klanglichen Schönheit wegen zunächst im italienischen Originaltext zitiere: *Nelle calli di una Venezia dimenticata alla riscoperta dei cibi semplici e genuini di una tradizione millenaria* – was übersetzt meint, dass das *Corte Sconta* in einer jener Gassen des vergessenen Venedig liege, das dabei sei, die einfachen und genuinen Speisen einer tausendjährigen Tradition wiederzuentdecken.

Als Du die kühle Fischhalle verlässt und die Augen im grellen Sonnenlicht einen Augenblick schließt, hast Du den kleinen, schattigen, vom dichten Weinlaub einer Pergola überdachten Innenhof des *Corte Sconta* direkt vor Augen, immer wenn Du einen Morgen durch *Castello* gestreift bist und zum Beispiel die Hallen der Biennale oder die Gegend ums Arsenal besucht hast, bist Du in ihm eingekehrt, denn in jeder Deiner Streifzugterrains kennst Du ein Lokal für den Mittag oder für den Abend, das zu diesen Terrains so gehört wie die kleinen venezianischen Kirchen zu ihren Pfarreien.

Ins *Corte Sconta* bist Du vor allem seiner Meeresvorspeisen wegen gegangen, sie servieren dort zunächst rohe, sehr dünn geschnittene Thunfisch- und Lachsscheiben auf kleinen Tellern, und dann geht es immer weiter mit den kleinen Tellern und hört stundenlang nicht mehr auf mit den Probierportionen, die gekochten Tintenfische, Schnecken und Gamberetti treten auf und werden abgelöst von sehr guten Fischpasten und später von kleinen frittierten und überbackenen Fischen, irgendwann taucht aber auch ein Teller mit Venusmuscheln auf.

Eine solche Fischmahlzeit ist eines der schönsten Venedig-

Erlebnisse, sie dauert mehrere Stunden und sollte (nach der Hauptmahlzeit: einem im Ofen gegarten Fisch) mit der besten *Zabaione* enden, die Venedig zu bieten hat: Dunkelgelb, fast orange liegt die mit Marsala angereicherte Schaumcreme in einem Glas. Sie wird sehr langsam mit einem kleinen Löffel verzehrt – und hinterher trinkt man noch einen kräftigen Süß- oder Dessertwein (sowie den obligatorischen starken Caffè).

Zwei der besten Fischrestaurants Venedigs liegen dicht beieinander. Man findet sie leicht, wenn man die breite, menschenüberströmte *Riva degli Schiavoni* entlanggeht und irgendwann in die *Calle de la Pescaria* abbiegt. Nach kaum hundert Metern entdeckt man auf ihrer linken Seite das vorzügliche Restaurant *Al Covo*. In dem nicht allzu großen, sehr intimen (und bei hohen Außengradi angenehm temperierten) Speiseraum sollte man rechtzeitig Plätze reservieren und sich anschließend ebenfalls viel Zeit für eine Mahlzeit lassen (am besten mittags, wenn das Sonnenlicht vor den Fenstern leuchtet und schräg hineinfällt).

Ist das *Al Covo* aber voll oder geschlossen, geht man die *Calle de la Pescaria* einfach weiter entlang und biegt dann nach rechts in die *Calle Pestrin* ab, wo man auf das schon erwähnte *Corte Sconta* trifft …

Leider gibt es in der Nähe des Fischmarkts am Rialto keine guten Fischrestaurants. Stattdessen gibt es aber eine sehr solide Trattoria, die meist voller gut gelaunter, sich lebendig unterhaltender Menschen ist. Es handelt sich um die *Trattoria Alla Madonna (Calle della Madonna)*, wo ich Enrico, dem Kellner und langjährigen Freund, jetzt am Mittag begegnen werde.

Zabaione
Weinschaumcreme

8 Eigelb
12 EL braunen Zucker
1 halbes Glas Marsala
Zimtpulver

Die Eigelb mit dem Zucker in eine Schüssel geben und so lange schlagen, bis eine sehr schaumige, beinahe feste Masse entsteht. Marsala und eine Prise Zimtpulver vorsichtig dazugeben und langsam darunterheben. Die Creme im Wasserbad bei schwacher Hitze unter ständigem Rühren erwärmen, bis sie dickflüssig wird.

Keineswegs sollte, wie sonst häufig üblich, das geschlagene Eiweiß noch untergehoben werden. Die venezianische *Zabaione* ohne Eiweiß sieht am Ende dunkelgelb oder leicht bräunlich aus, der Marsala geht in ihr nicht »verloren«, sondern durchzieht ihren Geschmack dominierend.

Die geheimen Terrains von Venedig

Enrico ist in Venedig geboren und daher leidenschaftlicher Venezianer. Er hat einige Semester Literatur und Philosophie studiert, das Studium aber abgebrochen, als er – zunächst als Aushilfskellner – im *Alla Madonna* gute Trinkgelder erhielt und so viel verdiente, dass er für ein eigenes kleines Lokal zu sparen begann. In etwa einem Jahr wird es so weit sein, Enrico ist da ganz sicher.

Ich habe ihn kennengelernt, als ich das *Alla Madonna* zum ersten Male betrat, wie die meisten Gäste war ich durch die für venezianische Verhältnisse ungewöhnliche Größe des Empfangsraumes geblendet und blieb einen Augenblick in der Tür stehen. Im normalen Fall wird man darauf zur Garderobe gleich rechts, bitte der Herr, verwiesen, in meinem Fall aber war plötzlich Enrico zur Stelle und fragte mich, ob ich allein sei und auch allein essen werde.

Die meisten Tische im *Alla Madonna* sind kleine Zweiertische, für größere Gesellschaften werden sie in Windeseile zu Sechser- oder Zehnertischen zusammengerückt. Die Gäste sitzen dicht nebeneinander, es gibt viele Touristen, aber auch viele Venezianer kommen in der Mittagspause hinein, um rasch etwas zu essen, denn im *Alla Madonna* serviert man einfache, gute venezianische Gerichte, ohne große Raffinesse zubereitet, aber so, wie man sie selbst zu Hause zubereiten würde, wenn man nicht allzu viel Zeit hat. Natürlich gibt es vor allem frischen Fisch vom nahen Markt, etwas Frittiertes, Gegrilltes, Geschmortes, darunter sind durchaus kleine Delikatessen, aber man sollte Bescheid wissen und darf nicht das Falsche bestellen.

Vom ersten Moment unserer Begegnung an habe ich mich mit Enrico beinahe intuitiv verstanden. Als er erfahren hatte, dass ich allein war, führte er mich zu einem kleinen, ruhigen Ecktisch, rückte ihn noch einmal zurecht, brachte mir die Karte und erklärte mir, was ich bestellen solle und was eher nicht. Es gibt manche Gäste, sagte er, die bestellen hier ausschließlich gekochtes Gemüse und salzen und würzen es dann noch nicht einmal, und es gibt andere, die bestellen wahrhaftig Spaghetti, Spaghetti sind aber nichts Venezianisches, sondern stammen aus Süditalien. Die Venezianer machen sich nicht eben viel aus all den verschiedenen Sorten Pasta, die es anderswo geben mag, hier isst man Reis, also einen guten Risotto, von dem gibt es unzählige Sorten.

Ich hörte Enrico gern zu und fragte nach, jedes Mal, wenn er an meinen Tisch kam, unterhielten wir uns einige Zeit, bald hatten wir ein gemeinsames Thema gefunden, wir sprachen über die geheimen Terrains Venedigs, über unmerkliche, dem eiligen Spaziergänger nicht weiter auffallende Zusammenhänge im Netz seiner Gassen und *Campi*.

Viele Fremde, meint Enrico, aber auch manche Venezianer behaupten, dass sie sich in Venedig häufig verlaufen, sie nennen Venedig dann gern eine »labyrinthische Stadt«, dabei trifft eine solche Bezeichnung höchstens auf das Zentrum und die beiden *Sestieri* von *San Marco* und *San Polo* zu. Im Norden aber, im *Sestiere* von *Cannaregio*, kannst Du Dich ebenso wenig verlaufen wie in *Castello*. *Cannaregio* ist einfach und keine Herausforderung für einen *solitaire ambulante*, wie Hemingways Oberst die Kunst des venezianischen Spazierganges nennt, denn in *Cannaregio* gibt es die *Fondamente*, breite Ufer-Quais zu beiden Seiten der geraden Kanäle, also hast Du einen weiten, großen Himmel über Dir.

Gehst oder fährst Du mit einem Vaporetto (Stazione *Madonna dell'Orto*) dorthin, so solltest Du jene Gegend aufsuchen, in der Venedigs bedeutendster und beliebtester Maler zu Hause war und begraben ist. Ich meine Jacopo Tintoretto (1519-1594), wegen dessen Bildern seit der Mitte des 19. Jahrhunderts Schriftsteller oder Kunstbegeisterte wie John Ruskin oder Henry James nach Venedig kamen. Noch in der Mitte des 20. Jahrhunderts hat Jean-Paul Sartre diesem Maler einen langen, hymnischen Essay gewidmet, den Du unbedingt lesen solltest, wenn Du Dich im Tintorettoland von *Cannaregio* aufhältst.

In der Kirche *Madonna dell'Orto* entdeckst Du nicht nur einige seiner schönsten Bilder (wie etwa *Mariä Tempelgang, Die Anbetung des Goldenen Kalbes* oder *Das Jüngste Gericht*), sondern (in der rechten Apsiskapelle) auch sein Grab mit der Grabplatte und einer Terracotta-Büste an der Wand.

Verlässt Du später die Kirche, gehst Du über eine Brücke und dann weiter den *Campo dei Mori* bis zu den *Fondamenta dei Mori* entlang. Dort fallen Dir die seltsamen Statuen einiger Männer mit kleinen Turbanen auf, die eine schwere Last auf ihren Schultern tragen und an den Ecken der Häuser wie kleine Wachposten stehen. Es sind levantinische Kaufleute, die wir wegen der großen, mit Reichtümern gefüllten Bottiche *Mastelli* (= Kübel) nennen. Das schmale Haus im spätgotischen Stil Nr. 3399 (*Fondamenta dei Mori*) war früher das Wohnhaus von Jacopo Tintoretto, in dem sich auch sein Atelier befand. Nur wenige Meter entfernt kannst Du Dich von diesem Tinoretto-Spaziergang in einer guten Osteria (*L'Orto dei Mori, Fondamenta dei Mori, 3386*) erholen.

In Cannaregio flanierst oder promenierst Du bequem immer am Wasser entlang, ganz ähnlich wie in *Castello*, das von der schnurgeraden, breiten und sehr lebendigen *Via Garibaldi* beherrscht wird, von der wiederum schnurgerade Gassen immer im rechten Winkel abzweigen, da verirrt man sich nicht, da findet jedes Kind sich zurecht. Je länger Du Dich auf der *Via Garibaldi* vom Zentrum und dem weiten Blick auf San Marco entfernst und je mehr Du in das Sestiere *Castello* eindringst, umso stiller und ruhiger wird es um Dich herum. Immer geradeaus gehend, überquerst Du schließlich eine Brücke und näherst Dich der alten Basilika der Stadt, *San Pietro in Castello*. Kaum ein Mensch verliert sich in dieses äußerste »Ende«, dabei handelt es sich durchaus um eine für die Geschichte Venedigs sehr bedeutende Kirche. Viele Jahrhunderte lang war sie (und nicht *San Marco*) die Kathedrale von Venedig und Sitz des Patriarchen. Hast Du Dir die Kirche genau angeschaut, findest Du den alten Patriarchenpalast rechts neben dem Kirchengebäude. Er sieht sehr unauffällig und schlicht aus, ein Durchgang führt in einen Innenhof mit einem Kreuzgang ringsum, weiter eindringen kann man leider nicht, man steht vor verschlossenen Toren und unzugänglichen Räumen.

Venedig, macht Enrico weiter, hat eine raue, harte Schale und einen undurchdringlichen Kern, der sich entzieht. Die raue, harte Schale sind die Rand- und Außenbezirke, die den größten Teil des Stadtgebietes ausmachen, als Kinder nannten wir sie »die Enden der Welt« und trieben uns am liebsten in ihnen herum. In die abgelegenen Zonen verliefen sich keine Touristen, niemand blieb stehen, um uns zu fotografieren, und es gab weder Gondeln noch Postkartenstände. Genau dieses Gewöhnliche aber fanden wir Kinder schön, die breite *Via Garibaldi* in *Castello* war eines unser Lieblingsterrains, noch heute gehe ich sie gerne entlang, es gibt dort lauter kleine Läden und Geschäfte mit den überall auf der Welt gebräuchlichen Dingen, mit Haushaltswaren und billigen Schuhen, mit Kleidern, Schürzen und Regenmänteln, in Venedig empfinde ich es manchmal sogar als Erholung, eine schlichte Apotheke vor mir zu haben.

In der Mitte der *Via Garibaldi* gibt es dann auch täglich einen kleinen, sehr preiswerten Markt mit Fisch, Gemüse und Obst, der ist mit dem großen hier am *Rialto* nicht zu vergleichen, uns Kindern und unseren Müttern genügte er aber, von allem, was wir brauchten, war etwas da, und gleich hinter dem Markt begann das große Gelände der grünen *Giardini*, in dem wir uns austoben und auslaufen konnten.

Hier waren wir einmal ganz unter uns, hier gehörte uns Venedig endlich einmal, während die *Piazza San Marco* uns fremder war als jeder Campo der Stadt, nur an einem einzigen historischen Tag, an den ich mich gut erinnere, waren wir Venezianer auch dort einmal unter uns und zu Hause, es war der Tag, an dem unser Fußballteam in die oberste Liga aufstieg, da zogen wir Fans zu Tausenden dorthin und fegten die Taubenfutter- und Andenkenverkäufer von der Bühne, alle ergriffen sie vor uns die Flucht, und Massimo Cacciari, unser damaliger Bürgermeister, rief stolz: »Heute feiert Venedig sich selbst.«

San Pietro in Castello wäre also in Deinen Augen das östlichste »Ende der Welt«, sage ich zu Enrico und frage gleich weiter, welches das westlichste wäre, das ich ebenfalls unbedingt aufsuchen sollte. Nach Westen hin, antwortet er, solltest Du bis zu der schönen Kirche *San Nicolò dei Mendicoli (Dorsoduro, 1907)* gehen. Wenn Du Dich nach

dem Besuch dieser Kirche ein paar Schritte noch weiter west-
lich hinaustraust, glaubst Du plötzlich, nicht mehr in Venedig
zu sein. Du stehst inmitten von mehrstöckigen Miets- und
Allerweltshäusern, kein Kanal ist zu sehen, mit einem Mal
gibt es sogar richtige Straßen, in denen die Kinder Fußball
spielen und die Hunde ihre müden Runden drehen. Ganz
in der Nähe befinden sich aber auch Gebäude unserer Universität, darunter die Fakultät für Architektur. Frühmorgens
sind hier also viele junge Leute unterwegs, während Du
vor den Touristen in Sicherheit bist. Nahe der Kirche *San
Sebastiano,* in der Du sehr schöne Bilder von Paolo Veronese entdecken wirst, kannst Du über Mittag in einer kleinen Locanda (drinnen, besser aber noch draußen auf dem
vorgelagerten Platz, dem *Campo dell'Angelo Raffaele*) einige intensive Genuss-Stunden verbringen. Ich meine die
Locanda *Pane Vino e San Daniele,* wo man Dir als Vorspeise
besten San-Daniele-Schinken und ausgezeichnete Salami-
Sorten serviert. Schau Dir die Weinkarte genau an, es lohnt
sich, und bestelle später zum Hauptgericht (die obligato-
rische Pasta davor würde ich ausfallen lassen und stattdessen ein Lamm- oder Entengericht wählen) eine Flasche *Rosé
Brut,* gut gekühlt! Und zum Schluss noch eines der besonders guten Dolci, eine *Mousse* oder ein *Semifreddo!*

Enrico ist aber nicht im Westen, sondern in *Castello* aufge-
wachsen, in einer der Seitengassen der *Via Garibaldi.* Eine
solche Herkunft, sagt er, wirst Du ein Leben lang nicht mehr
los, immer bleibt *Castello* mit seinen *Giardini* und seiner
über den Gassen flatternden Wäsche, die manchmal so tri-
umphal weht wie die Wäsche auf den Bildern Francesco
Guardis, meine Heimat, und die anderen *Sestieri* ein wenig
fremd, ich spüre genau, wenn ich die Grenze überschreite,
das *Museo Storico Navale,* das Schifffahrtsmuseum der

Stadt, das in einem der früheren Getreidespeicher untergebracht ist und am alten *Campo San Biagio* liegt, ist so eine
Grenze.

Als Jugendlicher bin ich immer wieder in dieses Museum
gegangen und habe mir die Modelle der alten venezianischen Galeeren angeschaut, viele hatten etwas von kleinen
dramatischen Puppentheatern für Jungs, denn in den Mo-
dellen waren schnauzbärtige und wild dreinschauende Ru-
derer hinter- und nebeneinander in Reihen postiert, einmal
zählte ich über einhundertfünfzig, und dann stellte ich mir
vor, wie sie sich in die Riemen legten und sangen und die
Galeere davonschoss. Bis zu 700 Männer waren manchmal
insgesamt auf solchen Galeeren untergebracht, ich konnte
mir gar nicht vorstellen, wie sie über viele Monate auf so
engem Raum miteinander auskamen.

Bei jedem Besuch habe ich mir dann auch das goldene
Modell des letzten *Bucintoro* angesehen, auf dem der Doge
in großer Begleitung hinaus aufs Meer fuhr, um dort einen
gesegneten Ring ins Meer zu werfen und die Stadt mit dem
Element ihrer Herkunft zu verbinden. Der *Bucintoro* hatte
einen großen Salon von über 40 Metern Länge, dort ging
man spazieren wie auf dem Land, lehnte sich hinaus, unterhielt sich und blickte gelassen aufs Meer, im Hinterschiff
aber stand der vergoldete Dogenthron, ich schauerte jedes
Mal, wenn ich ihn sah, ein schwerer, einsamer Thron, der
eine gewisse Majestät und Feierlichkeit ausstrahlte, aber
auch etwas Unheimliches, beinahe Dämonisches hatte, etwas von einem Zaubererthron.

Für Enrico ist das in seinem *Castello* gelegene alte *Arsenal*,
das früher in seinen Werkstätten Tausende von Arbeitern
beschäftigte, das eigentliche Zentrum der Stadt, das Zentrum ihrer Seemacht, das im Jahr 1797, als Venedig erobert

wurde, daher auch als Erstes geplündert und zerstört wurde.

Wenn ich die alten Schifffahrtsmodelle sehe, sagt Enrico, bin ich Venedig näher, als wenn ich mir Gemälde und Bilder anschaue. Als Junge haben sie mich so begeistert, dass ich in einen Ruderverein eingetreten bin, weit draußen, an den *Fondamente Nuove*, habe ich mit meinen Ruderfreunden, die übrigens alle aus *Cannaregio* oder *Castello* kamen, jedes Wochenende verbracht.

Und *San Marco*, habe ich Enrico einmal gefragt, geht ein *Castello*-Venezianer wie Du überhaupt nach *San Marco*? Aber ja, antwortete Enrico, warum nicht, Du solltest es aber vor allem zu den besten Zeiten versuchen, also zum Beispiel frühmorgens in den Frühgottesdienst gehen oder am Abend in die Abendmesse, so kommst Du dem Wunder dieser Basilika, zunächst einmal ruhig dasitzend, lauschend und schauend, langsam näher. Am frühen Nachmittag wiederum strahlen die alten Mosaike der Vorhalle in besonderem Glanz, denn dann flutet das Nachmittagssonnenlicht direkt hinein, während Du morgens, etwa gegen zehn, wenn die Basilika gerade für die Besucherströme geöffnet wird, rasch, als einer der Ersten, hinauf auf die Loggia gehen solltest, um dort eine halbe Stunde noch fast allein den Blick auf die *Piazza* und die noch schönere *Piazzetta* zu genießen.

Ich habe Enricos Ratschläge genau befolgt und das Wunder von *San Marco*, wie er es nur nennt, immer wieder zu den verschiedensten Zeiten besucht, ich saß an einem winterlich frühen Morgen zusammen mit einer Handvoll Gläubiger in einer der Seitenkapellen und hörte den übermüdet wirkenden Priester, der sich beeilte, die Messe rasch hinter sich zu bringen, als plötzlich die Morgenstrahlen der Sonne ins Mittelschiff schossen und die Pracht der goldenen Mosaike Bild für Bild erhellten, die Sonnenstrahlen liefen die Bilder wie ferne Himmelsfinger ab und kreisten dabei langsam durchs Rund der Kuppeln.

Auch saß ich an manchem Samstagabend in der Abendmesse, die im dann von unzähligen Strahlern erleuchteten Mittelschiff zelebriert wird, und starrte auf den welligen Steinboden mit seinen orientalischen Teppichmustern und auf die schweren Quadersteine des großen Vierecks, grauer, roter, grüner schwerer Stein steigt vom Boden auf, dann setzen die Mosaike an, deren Gold sich nach allen Seiten verteilt wie ein flüssiger Fond, es ist die Idee der Ewigkeit und des Himmels, die alles regiert, die Heiligen haben ihre Plätze längst eingenommen, Christus und Maria sitzen den Himmelsgefilden vor, Christus thront, und Maria hebt ihre Hände, die Geschichten sind erzählt und bedürfen keiner Auslegung mehr, daher all diese Ewigkeitsmaterialien, schwerste und kleinste Steine in allen nur erdenklichen Farben, Regimentszeichen, Zeichen der Überwindung des Lebens, die sich zu einem lückenlos drapierten Raum schließen, zu einer Schatzkammer, in der die ältesten Gesänge Europas entstanden, reiner Schall, ohne Begleitung, Schall, der sich in den dunklen Nachträumen verlor …

Einmal gingen gleich nach dem Ende der Abendmesse sämtliche Lichter aus, und nichts, kein Leuchten, blieb übrig als das der wenigen Kerzen vor der *Pala d'oro*, und die Besucher der Abendmesse wurden gebeten, die Basilika jetzt zu verlassen, geht, hieß es, geht, Euer Patriarch wünscht Euch einen schönen Sonntag, aber es hörte sich an, als bäte man darum, *San Marco* ruhen zu lassen, als vollzöge sich in der nächtlichen Dunkelheit eine verborgene, niemandem zugängliche, geheime Mystik.

Auch Enricos Rat, sich morgens gegen zehn hoch oben auf der Loggia einzufinden, überzeugte mich sofort, als ich dort stand, denn dort ist der einzige Platz, wo man sowohl die *Piazza* wie auch die *Piazzetta* übersieht, man erblickt sie zusammen, von unten dringen die Stimmen und das Wortgemurmel gedämpft herauf, durchsetzt vom dünnen Zirpen der Kaffeehausgeigen, die Sonne steht über der *Piazzetta* und gönnt dem einen der beiden Cafés jetzt ihr Licht, Taubenschwärme durchstoßen den Raum wie zerplatzende, trunkene, dunkle Geschosse, die ihre Splitter in alle Richtungen aussäen, während die Besucherströme sich zu kleinen Kreisen verdichten, wieder auseinanderfallen und die große Piazza schließlich bis in den letzten Winkel besetzen.

An schönen Tagen mit guter Fernsicht bin ich dann und wann auch mit dem Aufzug hinauf auf das Aussichtsplateau des großen *Campanile* gefahren, das Plateau ist der triumphale Punkt, von dem aus man alle venezianischen Terrains übersieht, das Festland mit den am Abend oft rosarot schimmernden Bergen, die grünblaue Lagune mit ihren verstreuten Inseln und Kirchtürmen, und die *Lidi*, die Venedig vorgelagerten, schützenden Landstreifen, über die der Blick hinaus zum weißblauen Horizontstreifen des offenen Meeres geht. Dicht ineinander verkeilt liegen die Häuser mit ihren in allen Rottönen schimmernden Dächern unter Dir, Du erkennst die dunklen Fensteraugen und das Grün der Läden und immer wieder die hoch oben auf den Dächern wie mit hölzernen Stelzen gebauten kleinen Dachterrassen (*Altane*), auf denen sich die venezianischen Frauen gesonnt und ihre Haare gebleicht haben sollen.

Vittore Carpaccio hat solche Frauen gemalt, auf einem Bild, das sich heute im *Museo Correr* am Markusplatz befindet, sitzen wahrscheinlich Mutter und Tochter mit vor

Langeweile geradezu stieren Blicken auf einer hier aller-
dings steinernen Terrasse und warten auf die Rückkehr der
Männer von der Jagd in der Lagune, ergeben und geduldig
sitzen sie da, zwei Hunde gehorchen ihnen aufs Wort, die
Vögel kauern sich still, als wagten sie nicht, sich zu bewegen,
der Perlenschmuck und ein strahlend weißes Taschentuch
sowie ein Myrten- und ein Orangenzweig in den beiden
Vasen versinnbildlichen angeblich Reinheit und Beständig-
keit, so dass eine schlaftrunkene Vornehmheit von diesem
Bild ausgeht, die nur von einem Paar hoher, roter Schuhe
durchkreuzt wird, die in kleiner Unordnung wie Aufforde-
rungen zum Leichtsinn herumstehen.

Viel näher als auf dem hochgelegenen Aussichtsplateau
des *Campanile* war ich den Dächern Venedigs aber, als ich
– ebenfalls auf Enricos Rat – die an den *Palazzo Contarini*
geschmiegte, sich in der Form eines Schneckenhauses nach
oben drehende steinerne Wendeltreppe (*Del Bovolo*) hin-
aufstieg, zu der eine schmale Gasse vom *Campo San Luca*
hinführt. Beim Aufstieg zeigten sich plötzlich, Stück für
Stück aus dem Häusermeer auftauchend, die taubengrau-
en Kuppeln von *San Marco* und der jetzt schmal und wie
eine zerbrechliche Zuckerstange wirkende *Campanile* mit
seinem goldenen Engel hoch droben, zur anderen Seite hin
aber *Santa Maria della Salute* mit ihren weißen, an den Fuß
ihrer Kuppel gepressten Lakritzrollen und der polentagel-
be, frisch restaurierte, die Dächer weit überragende Klotz
des *Teatro La Fenice*.
   Ganz oben kam ich auf einer kreisrunden, überkuppel-
ten Aussichtsplattform an, ich stand genau auf Höhe der
venezianischen Dächer und Dachgärten, ich hätte hinüber-
springen und weiterhüpfen können, ich blickte auf die roten,
gebleichten, römischen Ziegel, auf dieses rotgescheckte Wel-

lenwogen der Dächer und die Oleanderbüsche auf den Altanen, auf die von istrischem Stein gerahmten Fenster und die Reihen von Blumentöpfen auf ihren Simsen und auf die alten Kamine, wie Vittore Carpaccio sie als einen dichten Wald in den Himmel ragender Hauben auf langen, dünnen Hälsen gemalt hat (auf dem Bild *Wunder der Kreuzreliquie an der Rialto-Brücke*, das sich in der *Accademia* befindet).

Und wo, fragte mich Enrico, während wir in der *Trattoria Alla Madonna* ein gutes Risotto essen, wo liegt jetzt Dein Terrain, wo bist Du in Venedig zu Haus?

Risotto al radicchio rosso
Risotto mit Radicchio

Es gibt Risotto mit Erbsen, mit Spargel, mit Pilzen, mit Kürbis und natürlich mit Meeresfrüchten, es gibt den besonders guten schwarzen Risotto. Einfach und trotzdem exzellent ist aber der Risotto mit dem roten Radicchio, der ursprünglich aus Treviso kommt, längst aber auch auf San Erasmo angebaut wird.

> 300 g italienischer Rundkornreis
> 400 g Radicchio
> 1 l heiße Brühe
> 1 Glas Rotwein
> Etwas Butter
> Olivenöl
> 1 Zwiebel
> 1 Knoblauchzehe
> Salz, Pfeffer
> Etwas Zucker
> Frisch geriebener Parmesan

Den Radicchio putzen, waschen und klein schneiden. Zwiebel und Knoblauchzehe schälen, Zwiebel hacken und mit der ganzen Knoblauchzehe in etwas Olivenöl und ein wenig Butter andünsten. Den Radicchio dazugeben, salzen und pfeffern, dann den Rotwein dazugießen und auf kleiner Flamme köcheln lassen, bis er verdampft ist. Den Knoblauch herausnehmen, Radicchio mit Zucker süßen. Den Reis hinzufügen, kurz andünsten und die kochende Brühe dazugießen. Rühren, bis der Reis sie aufgesogen hat. Mit Salz und Pfeffer würzen, noch etwas Butter und nach Belieben Parmesan unterheben.

In *Dorsoduro* zu Haus (I)

Ich erzähle Dir jetzt ein venezianisches Märchen, sagte ich zu Enrico, es beginnt in der *Cantinone già Scavi* (*Fondamenta Nani, 992*), die ich oft aufsuche und die auch Du sicher gut kennst. Sie liegt, wie Du weißt, in der Nähe der Kirche *San Trovaso*, schräg gegenüber der alten Gondelwerft am gleichnamigen schönen Rio. In meinen Augen ist sie eine typische Weinstube in der Art der venezianischen *Bàcari*, Du betrittst sie durch einen schmalen Eingang und stößt zur Rechten gleich auf die halbrunde Vitrine mit den *Cicchetti*, hier sind es meist kleine Weißbrotscheiben, mit scharfer Wurst, Käse oder mit Fisch.

Hinter dieser Vitrine steht oft die Besitzerin Alessandra De Respinis, die diesen herrlichen Raum mit seinen vielen Besuchern (nach dem Tod ihres Mannes) zusammen mit ihren vier Söhnen nicht nur organisiert, sondern auch selbst die kleinen *Cicchetti*, Stück für Stück, mit der Hand, präpariert. Niemand in Venedig weiß so viel über die Kunst, gute *Cicchetti* herzustellen, die richtigen Zutaten zu wählen und so ein Ensemble zu schaffen, das man sich (nach eigener Wahl) auf einem kleinen Teller servieren lässt. Weil aber die Eingeweihten schon immer erkannten, dass Alessandra De Respinis so etwas wie die absolute Meisterin der venezianischen *Cicchetti-Herstellung* ist, hat man sie gebeten, darüber ein Buch zu schreiben. Sie hat diesem Wunsch nach einigem Drängen nachgegeben und ihr sehr persönliches *Cicchettario* verfasst. Exemplare dieses schön illustrierten und gut in der Hand liegenden Zauberbuchs können die Gäste im *Già Scavi* erwerben. Die Anschaffung lohnt sich unbedingt, denn so erfährt man alles über die »kleine« venezianische Küche, die man im eigenen, heimischen Haushalt ohne große Mühe kopieren und sich anverwandeln kann. (Eine deutsche Ausgabe des *Cicchettario* wird im Herbst 2017 erscheinen.)

Gegenüber der Theke reichen die Weinregale des *Già Scavi* bis hinauf zur Decke, mit Deinen Blicken wanderst Du ihre Flaschen entlang, während Du auch schon ein Glas in der Hand hältst und schnell ins Gespräch kommst mit einem der Männer, die das *Già Scavi* von morgens früh bis in den Abend füllen.

Gefällt es Ihnen hier, fragte mich einmal einer von ihnen, und ich erzählte ihm von meiner Venedig-Liebe, von Strawinskys Totenamt und dem Dichter Ezra Pound, der ganz in der Nähe des *Già Scavi* wohnte, und davon, dass ich einen Teil dieses *Sestiere*, des *Sestiere* von *Dorsoduro*, immer das »Terrain des venezianischen Abendmahls« nenne, denn *Dorsoduro* beginnt an seinem östlichen Ende in der Umgebung von *Santa Maria della Salute*, in deren alter Sakristei sich ein berühmtes Bild Jacopo Tintorettos mit der *Hochzeit zu Kana* befindet.

Man glaubt, in einem großen venezianischen *Salone* zu stehen, an dem sehr langen, in die Tiefe des Bildes ausholenden Tisch sitzen auf der einen, der sonnenbestrahlten Seite die wunderschönsten venezianischen Frauen und gegenüber die beleibten, meist bärtigen Männer, ein herrlich warmes Sonnenlicht fällt durch die großen Fenster auf die weichen Frauengesichter, die Teller mit den Speisen hat man vorsichtshalber in den Schatten gerückt, nur die Karaffen stehen im Licht, so dass der Wein leuchtet wie schwerer Honig. Nach hinten steigt der Raum etwas an, und durch drei hohe, offene Bögen schaust Du auf den venezianischen Himmel, auf die dünnen Wolkengespinste vor tiefblauem Grund.

Diese drei Bögen aber erscheinen dann wieder auf einem ganz anderen Abendmahlbild, das Paolo Veronese ursprünglich als Bild des letzten Abendmahls gemalt und nach den Beanstandungen seiner Auftraggeber zu einem *Gastmahl im Hause des Levi* umgetauft hat. Es hängt heute in der *Accademia*, kaum fünf Minuten zu Fuß von dem Bild Tintorettos entfernt, und als genügte das nicht, findet man in *San Trovaso*, nach kaum weiteren drei, vier Minuten, ein weiteres Abendmahl Jacopo Tintorettos, eine wie von einem Blitz erleuchtete große Szene an einem eher kleinen, fast quadratischen Tisch, um den die in helle Aufregung versetzten Jünger mit ihren wilden, emphatischen Gebärden versammelt sind.

Ich erzählte also von diesen Bildern, da sagte der ältere Venezianer zu mir, Sie lieben Venedig wahrhaftig, so, wie Sie erzählen, haben Sie auch ein gutes Quartier? Die Frage überraschte mich, und ich sagte, dass es auf das Quartier doch nicht ankomme, damals wohnte ich zur Untermiete in einem kleinen, einfachen Zimmer, wo ich mich lediglich zum Schlafen aufhielt.

Und ob es auf das Quartier ankommt, sagte jedoch mein Gegenüber, Sie brauchen eine kleine Wohnung, wo Sie bequem lesen und arbeiten und sich etwas kochen können. Brauche ich das?, fragte ich ihn lächelnd zurück, und er sagte vollkommen ernst: Ich habe beschlossen, dass Sie eine solche Wohnung brauchen.

Und dann erfuhr ich, dass ich gerade mit einem Mann sprach, der einer alten venezianischen Familie angehörte, die sogar mehrere Dogen hervorgebracht hatte. In diesem Palazzo hier nebenan, sagte er und ging mit mir einige Schritte aus dem *Già Scavi* hinaus, bin ich geboren, heute gehört er mir, wie mir auch diese Häuser dort drüben gehören, die halbe Gegend gehört mir, mir gehören so viele Häuser und Wohnungen, dass ich Hundertschaften darin unterbringen könnte, die meisten sind natürlich vermietet, aber einige stehen auch leer, für meine Freunde, wenn sie in Venedig zu Besuch sind. Ihr Einverständnis vorausgesetzt, bringt Sie mein Sekretär morgen früh in einer von ihnen unter, sagen wir in dieser dort oben, mit dem Blick auf den *Rio San Trovaso* und unsere schöne Pfarrkirche, deren Bilder Sie so genau kennen.

Und, wie geht es weiter, Du ahnst es, Enrico, nicht wahr? Am nächsten Morgen traf ich diesen Sekretär im *Già Scavi*, und seither wohne ich, wann immer ein Platz für mich in den vielen großen Wohnungen meines Gönners und Mäzens frei ist, mit dem Blick auf diese Kirche, die nun also auch meine Pfarrkirche ist.

Das ist in der Tat ein echtes venezianisches Märchen, sagte Enrico und lud mich zu einem Glas Wein in das *Già Scavi* ein, das Märchen nämlich vom Dogen, der sich heimlich und unerkannt unter das Volk mischt, sich umhört und auf unauffällige Weise Gutes tut …

Seit dieser Begegnung fühle ich mich also in *Dorsoduro* zu Haus, in meinen Augen ist es zum einen das *Sestiere* der Künstler und Literaten und zum anderen das der Gelehrten, der Professoren und der Studenten. Sein östlicher Teil, der von der *Punta della Dogana* bis zum *Rio di San Trovaso* reicht, wird beherrscht von zwei großen Museen und Galerien, dem Museum der Peggy Guggenheim mit ihrer Sammlung moderner Gemälde des 20. Jahrhunderts und der ehrwürdigen *Accademia*, in der man die Geschichte der alten venezianischen Malerei bis zu ihrem Ende im späten 18. Jahrhundert studieren kann.

Diese beiden großen Museen strahlen aber nach allen Seiten hin aus, so dass sich viele Galerien und Läden um sie scharen, Antiquitätenläden, Läden mit Künstlerzubehör und alten Bilderrahmen, in einer der kleinen Galerien kopiert ein Artista jede gewünschte Skizze, sei sie nun von Dürer, Michelangelo oder Rembrandt, so täuschend genau, dass man schon genau hinschauen muss, um sie als Kopie zu entlarven.

Die Flaniermeile der Kunstzone von *Dorsoduro* aber sind die *Zattere*, gegen Mittag steht die Sonne so günstig, dass sie diesen breiten Uferstreifen, von dem aus man hinüber zur *Giudecca* schaut, in gleißendes Licht taucht, die Holzterrassen der vielen Cafés sind ins Wasser gebaut, man genießt dort die volle Wärme des späten Mittags und Nachmittags bis zum Sonnenuntergang, man sitzt regungslos da, allein oder zu zweit, man unterhält sich, liest stundenlang oder blättert in einer Zeitung, man trinkt einen Kaffee oder isst ein Eis, es ist genau der Raum, den die Künstler und Literaten des 19. Jahrhunderts so liebten, Rilke hielt sich hier gerne auf, und der große John Ruskin wohnte hier in einer kleinen Pension, wo er an seinen hypergenauen Venedig-Beschreibungen arbeitete, die in ihrer schwärmerischen Exaktheit für mich die Bibel aller späteren Venedig-Literatur sind.

Dieser östliche Teil von *Dorsoduro* ist also die Zone der Kunst-Enthusiasten, Kunsthändler und Flaneure, es ist ein stilles, beinahe verträumtes Terrain, in dem sich eines meiner venezianischen Lieblingslokale befindet, das diese Stille und Verträumtheit gleichsam in sich aufgesogen hat, es heißt *Ai Gondolieri* (*Dorsoduro, 366*) und liegt kaum hundert Meter vom Eingang des Guggenheim-Museums entfernt an den *Fondamenta Zorzi Bragadini*.

Mit seinem langgestreckten, holzgetäfelten Speiseraum und einem kleineren, intimen, gleich links vom Eingang (der *Enoteca,* die hier als eine Art Probierstube fungiert) wirkt es puristisch und schlicht. Sie servieren dort keinen Fisch, sondern ausschließlich Fleisch, dieses Fleisch aber ist so vorzüglich, dass es die venezianischen Galeristen und Kunsthändler immer wieder dorthin zieht. Ich selbst werde nie einen schönen Vormittag im März vergessen, als ich eher zufällig an diesem Restaurant vorbeikam und kurz hineinschaute, es gefiel mir auf den ersten Blick, und daher reservierte ich für den Mittag einen Tisch ganz für mich allein.

Der sehr freundliche Kellner nahm meine Bestellung auf und notierte sie eifrig, als ich gegen Mittag erschien, war ich jedoch der einzige Gast, alle Tische waren sorgfältig gedeckt, aber nicht besetzt, ich nahm Platz und fragte, warum ich allein sei, und der Kellner erklärte, man habe eine größere Gesellschaft erwartet, die leider nicht erschienen sei. Wie auch immer …, sagte er dann, leicht mit dem Kopf schüttelnd und die Schultern kurz hochziehend, unsere Küche ist nichtsdestotrotz wie immer besetzt, wir sind bereit für unseren einzigen Gast, bestellen Sie, was Sie wollen, es wird uns ein Vergnügen sein und eine Ehre.

Eine Kerze wurde entzündet, ich durfte eine Musik wählen und entschied mich für venezianische Lautenmusik, ich war der auserwählte, erlesene Gast, der Stellvertreter der großen Schar, und so servierte man mir nicht nur, was ich bestellt hatte, sondern auch von dem, was die große Schar vorbestellt hatte, lauter kleine Kostproben flogen aus der Küche auf meinen Tisch, probieren Sie nur, sagte der Kellner, es ist ja eh alles bereit, kosten Sie, und so kostete ich *Fiori di zucca*, hausgemachte große Ravioli mit Austernpilzen und später ein Stück *Filetto di manzo al barolo*. Die Spezialitäten des *Ai Gondolieri* sind aber die Wild- und Geflügelgerichte sowie das auf das jeweilige Fleisch abgestimmte Gemüse, die venezianische Küche macht sich ja sonst nicht eben viel aus Gemüse, weil man sie zum Fisch nicht serviert,

hier aber war das Gemüse, das Selleriepüree, der lang einge-
kochte Wirsing oder die hauchdünnen roten Rüben, dem
Fleisch ebenbürtig.

So aß und trank ich einige Zeit ganz allein, bis sich
plötzlich die Tür öffnete und die große Gesellschaft doch
noch einfiel, wir haben uns leider verspätet, rief ihr Anführer
laut und wollte die Hintergründe der Verspätung erläutern,
doch der Kellner tat, als interessiere ihn das alles nicht, und
sagte nur, nehmen Sie Platz, dieser Herr hier hat die Stellung
für Sie gehalten, unsere Küche arbeitet längst auf vollen
Touren, es wird gleich serviert …

Das *Ai Gondolieri* gehört in die erste Kategorie der venezianischen Restaurants, in denen man sich zu besonderen
Anlässen aufhält und einige Stunden verbringt. Deshalb
braucht man kaum zu erwähnen, dass eine solche Verführung einiges kostet. Möchte man dieses wunderbare Restaurant aber nur kennenlernen, ohne allzu viel Geld auszu-
geben, so kann man fast den ganzen Tag über in der kleinen
Enoteca am Eingang Platz nehmen. Die offenen Weine, die
man hier erhält, sind ausgezeichnet (und manchmal preis-
werter als in den üblichen Weinstuben). Und die kleinen
Gerichte, die man zum Wein serviert, kosten kaum mehr
als zehn Euro und sind von höchster Qualität. Sitzt man
in der *Enoteca* am Fenster, sieht man draußen die Besucher
des Peggy-Guggenheim-Museums vorbeiziehen. Viele bleiben stehen und schauen kurz auf die Karte neben der Ein-
gangstür, um sich von den hohen (aber angemessenen) Prei-
sen abschrecken zu lassen. Sie ahnen nichts von der *Enoteca*,
in der es schlichter, aber ebenso qualitätsvoll wie im großen Speiseraum zugeht. Auch in diesem intimen Kabinett
links neben dem Eingang kann man also viel Zeit verbringen, nicht selten gut unterhalten vom Besitzer, der einen

(wenn er in Schwung ist) einen Wein nach dem andern probieren lässt, auf Kosten des Hauses.

Anara co'l pien
Gefüllte, geschmorte Ente

1 Ente
50 g Presskopf
50 g mild gewürzte Salami
1 Knoblauchzehe
Rosmarin, Salbei, Petersilie
1 Ei
Muskatnuss
1 altbackenes, geriebenes Brötchen
1 Glas Milch
100 g Butter
1 halbes Glas Olivenöl
1 Glas trockener Rotwein
100 g Bauchspeck in Scheiben
Salz, Pfeffer

Presskopf und Salami klein schneiden. Die Innereien der Ente waschen und trockentupfen. Knoblauch schälen und wie Rosmarin, Salbei und Petersilie hacken. Alles mit dem geriebenen Brötchen, der Milch, dem Ei, dem Muskat sowie etwas Salz und Pfeffer zu einer Füllung vermengen. Etwas Butter dazugeben und durchkneten. Die Ente damit füllen, mit Küchengarn zunähen, in Butter und Olivenöl von allen Seiten gut anbraten. Den Backofen auf 200 Grad vorheizen, den Rotwein zur Ente geben und im Ofen etwa anderthalb Stunden schmoren lassen. Die Ente herausnehmen, zerteilen, von den Knochen befreien, das Fleisch in mundgerechte Stücke schneiden und mit der Füllung zu einem Ragout vermischen. Zurück in den Fond geben und bei schwacher Hitze (100 Grad) etwa zwanzig Minuten im Backofen erwärmen.

⫯⫯● Verse sofegae
Geschmorter Wirsing

1 Wirsing
Etwas kleingeschnittener Bauchspeck
1 halbes Glas Olivenöl
1 Knoblauchzehe
1 Stengel Rosmarin
1 Glas nicht zu trockenen Weißwein (oder Marsala)
Salz, Peperoncino, Zucker (oder etwas Honig)

Die Außenblätter des Wirsings entfernen, nur die zarten, hellgrünen Innenblätter verwenden. Die Wirsingblätter waschen und in feine Streifen schneiden. Knoblauch schälen und wie den Rosmarin fein hacken. Das Olivenöl erhitzen und Knoblauch und Rosmarin zusammen mit dem Bauchspeck darin kurz andünsten. Wirsing hinzufügen, salzen, etwas Peperoncino dazugeben. Alles zugedeckt etwa eine Stunde bei schwacher Hitze schmoren lassen. Den Deckel abnehmen, Weißwein (oder Marsala) dazugießen, mit einer Prise Zucker (oder einem Löffel Honig) abschmecken und nochmals eine halbe Stunde einkochen lassen. Ab und zu umrühren und notfalls etwas Weißwein oder Marsala nachgießen.

In *Dorsoduro* zu Haus (II)

Mein »zweites«, atmosphärisch ganz anders geartetes *Dorsoduro* beginnt dann am *Rio di San Trovaso*, dort geht die Künstler- und Literatenzone über in den studentischen, universitären Raum. Am Rio liegen bereits viele Institute mit ihren Hörsälen und Seminarräumen, frühmorgens sieht man die Studentenscharen aus allen Gegenden heranströmen und sich in die kleinen studentischen Bars verteilen, wo sie rasch einen Toast oder zwei *Tramezzini* verzehren (die besten gibt es in der *Snack Bar Toletta*, *Dorsoduro* 1191; wer sie als kleine Vorspeise isst, sollte danach das nahe *Al Vecio Marangon*, *Dorsoduro* 1210, aufsuchen und dort mit einem Teller verschiedenster *Cicchetti* fortfahren).

Wenn man den Rio überquert hat, reiht sich Bar an Bar, bis man die große Universitätsbuchhandlung *La Toleta* mit ihren mürrischen, arroganten Verkäufern erreicht hat, schräg gegenüber liegt einer der bekanntesten Maskenläden Venedigs, in dem die Masken für Stanley Kubricks Film *Eyes Wide Shut* hergestellt wurden, und von dort geht es dann weiter zum *Campo San Barnaba* und dem großen *Campo Santa Margerita*, dem Studenten-Campo Venedigs, dessen Bars und Lokale oft bis drei, vier Uhr in der Nacht geöffnet haben, was in Venedig etwas Seltenes ist.

Diese Zone ist die der Straßencafés, der Lektüren und intellektuellen Debatten, ich nenne sie Venedigs »Quartier Latin«, es ist jene Zone der Stadt, in der man sich mit ihrer Geschichte und Kultur am intensivsten befasst, seltsamerweise bekommen die wenigsten Fremden davon etwas mit, sie ahnen oft gar nicht, dass gerade Venedig eine Stadt der Gelehrten ist, die ihre Details unermüdlich ergründen, die Stadt spiegelt sich auf beinahe narzisstische Weise seit Jahrhunderten in einem Schrifttum, das sie bis in die letzten Winkel ausleuchtet, beschreibt und seziert.

Dieses sich zu den venezianischen Atmosphären beinahe libidinös verhaltende Schrifttum führte in einer so sehr auf das Ästhetische bedachten Stadt aber auch zu einer Freude an schönen Büchern und an der Schrift, noch heute sind die Folgen dieser typisch venezianischen Buch- und Schriftleidenschaft unübersehbar, jeder Fremde wird die vielen kleinen Läden bemerken, in denen man die verschiedensten Sorten besten Papiers oder handgebundene, in weiches Leder eingeschlagene Notiz- und Skizzenbücher erhält, seit dem frühen 16. Jahrhundert ist Venedig die Stadt des Buchdrucks, damals wurden in ihr in einem Jahr mehr Bücher hergestellt als in allen anderen italienischen Städten zusammen.

Das Zentrum der heutigen Studien und Forschungen ist das *Istituto Veneto di scienze, lettere ed arti* (*Campo Santo Stefano* 2945), das mit seinen aktiven, korrespondierenden und ausländischen Mitgliedern wie eine Akademie mit einer Wissenschafts- und einer Literatur-Klasse organisiert ist. Das *Istituto* liegt nicht in *Dorsoduro*, ist diesem *Sestiere* aber ganz nah, man muss nur den *Ponte Accademia* überqueren, dann erreicht man es in schöner Lage am *Campo Santo Stefano*, dem Gelehrten-Campo Venedigs.

In der Gestalt des Wissenschaftlers und Romanciers Niccolò Tommaseo (1802-1874) haben die Venezianer hier ihren Forschern ein Denkmal gesetzt, Tommaseo steht dort aufrecht auf einem hohen Sockel, hinter ihm aber, zu seinen Füßen, türmt sich ein Stapel seiner zahlreichen Bücher, der ihm unter den Venezianern den spöttischen Beinamen des *Caccalibri*, des »Bücherscheißers«, eingetragen hat.

Ein kleines Pantheon der venezianischen Gelehrten und Künstler befindet sich in Form vieler Büsten dann in der weiträumigen Eingangshalle des *Istituto*. Hier, im Allerheiligsten der Venedig-Forschungen (und nebenan, im *Palazzo Cavalli Franchetti*), laufen die Wissensfäden zusammen, hier entstehen die vielen Monographien zur Geschichte der Stadt, Studien zur Geschichte ihrer Familien, ihrer Kunstsammlungen, ihrer Wirtschaft oder ihrer Literatur.

Schlendert man von hier aus in Richtung der *Rialto*-Brücke, so reiht sich wieder Campo an Campo, und als wirkten die starken Forschungsimpulse des *Istituto* noch draußen weiter, reiht sich nun auch Buchhandlung an Buchhandlung, jede mit reichhaltiger Venedig-Literatur, bis man schließlich den *Campo San Bartolomeo* mit seinem Goldoni-Denkmal erreicht. Das Goldoni-Denkmal ist in meinen Augen das schönste der Stadt, es ist mir auch das liebste, ja ich kenne überhaupt kaum eine Denkmalfigur, die mir so gefällt wie die des kleinen Goldoni mit all seiner venezianisch anmutenden Heiterkeit.

Der größte Theaterdichter Venedigs (1707-1793) scheint nämlich zu lächeln, er trägt eine Perücke mit kleinem Zopf, den Dreispitz hat er jedoch so tief in die Stirn gezogen, dass er seinen Gesichtsausdruck ein wenig unkenntlich und dadurch geheimnisvoll macht. Wegen des beachtlichen Bauchumfangs ist sein Wams an vielen Stellen aufgesprungen, aus einer Rocktasche lugt ein zerlesenes Buch, die Rechte lehnt gelassen auf einem Spazierstock, während die Linke, souverän auf dem Rücken, ein paar Handschuhe hält.

Goldoni geht also spazieren, hält aber gerade für einen Moment inne, unter seinem Dreispitz schaut er sich heimlich um, vor allem aber horcht und lauscht er, er horcht auf das venezianische Plaudern und Sprechen, auf den Klang dieses weichen und säuselnden Dialekts, auf die Geheimsprache der Venezianer, mit deren Hilfe sie sich unterein-

ander bis heute verständigen und von den vielen, oft aufdringlichen Fremden separieren.

Unendlich erfindungsreich und wortschöpferisch ist dieser Dialekt, ironisch, spöttisch und rasch, schon vor mehr als fünfhundert Jahren sind die ersten gedruckten Sammlungen venezianischer Sprichwörter und Wendungen (der *Proverbi del Veneto*) erschienen, die Goldoni dann später in den Gassen aufschnappte, um sie in seinen vielen Stücken zu verwenden.

Goldoni zu Ehren füllt sich der *Campo San Bartolomeo* an jedem Abend, aus allen benachbarten Gassen strömen die Venezianer herbei, umringen in kleinen Gruppen das Denkmal und machen mit Worten und Satzfolgen Musik, *tuto va e vien, e gnente se mantien,* so klingt und reimt sich zum Beispiel im Dialekt, was im Italienischen etwa *tutto va e viene, e nulla resta (alles geht und kommt, und nichts besteht)* heißen würde.

Plaudernd, murmelnd, sich gegenseitig imitierend und parodierend, spielen die Venezianer auf dem *Campo San Bartolomeo* jeden Abend Goldoni, lächelnd hört er ihnen zu, bis sich plötzlich und wie auf einen Schlag hin alle wieder zerstreuen und sich zurückziehen in das dunkle Schweigen der Nacht.

Will man aber den Spuren Goldonis noch weiter folgen, so kann man das in seinem Geburtshaus, der *Casa Goldoni (San Polo, 2793),* tun. Dort gibt es auch eine gute (frei zugängliche) Bibliothek mit den klassischen Titeln zu Venedigs Theatergeschichte sowie eine Ausstellung, die einen anhand von vielen Dokumenten über die Glanzzeiten der venezianischen Theater informiert. Unbedingt lesen sollte man während eines Venedig-Aufenthalts eine seiner Komödien (wie etwa *La bottega del caffè/Das Kaffeehaus* oder *Il servitore di due padroni/ Der Diener zweier Herren*). Anhand solcher Lektüren erhält man eine direkte und präzise Vorstellung davon, wie die Venezianer gesprochen und sich unterhalten haben. Goldonis Stücke sind in diesem Sinn Einführungen in die venezianischen Formen der Konversation, in ihr Gelächter, ihre skurrilen Seiten und all ihre oft überbordende Vitalität, die man heute noch an vielen Orten findet.

Klischeevorstellungen betonen an Venedig meist »das Morbide«. Solche Vorstellungen sind aber neunzehntes Jahrhundert, als die Stadt so restaurierungsbedürftig wie niemals sonst in ihrer Geschichte war. Heutzutage erlebt man die meisten Venezianer längst nicht mehr als apathische Grübler, die traumverloren ihrer großen Geschichte nachsinnen. In vielen Weinstuben und Trattorien trifft man vielmehr auf den vitalen, humorvollen, jeder Pointe nachjagenden Gastgeber, der seinen Kunden nicht nur Getränke, sondern auch die neusten Venedig-Nachrichten auf unnachahmliche Weise (im Stile Goldonis) serviert. (So etwa in der *Trattoria San Basilio, Dorsoduro, 1527a-b*, wo man eher nicht essen, wohl aber an der Theke zu den verschiedensten Tageszeiten ein Glas trinken sollte.)

Venezianischer Mittag

Noch aber ist nicht Nacht, sondern Mittag, Du sitzt schon eine ganze Weile im vorderen, großen Speiseraum der Trattoria *Alla Madonna*, in dessen Mitte ein alter Weinstock steht und durch eine Öffnung in der Decke ins Freie rankt, unaufhörlich sind die vielen Kellner in Bewegung, decken die kleinen Tische ab und wieder neu ein, rufen sich etwas zu und halten sich gegenseitig auf Trab, sind dabei aber keineswegs nervös, sondern vollkommen gelassen.

Gleich am Eingang, in der Umgebung des Weinstocks, sind die frischen Speisen postiert, es gibt eine große Vitrine mit Fisch und eine Theke mit den verschiedensten Sorten Gemüse, die hellen Artischockenböden, die Du vor kurzem noch auf dem Markt betrachtet hast, schlummern hier jetzt gekocht in Öl, und neben ihnen stehen die schweren Suppentöpfe, aus denen die warme Suppe mit großen Löffeln direkt in die tiefweißen Teller geschöpft wird.

Enrico bedient heute nicht, doch Du hast seine Empfehlungen und seine Theorien über die venezianische Küche im Ohr, die venezianische Küche, hat er immer wieder behauptet, will nicht raffiniert sein, sondern eher gesellig, daher dient sie auch nicht der Andacht, sondern der Unterhaltung, so dass ein venezianisches Mahl aus vielen kleinen Gerichten, im Grunde also aus lauter Naschereien, besteht, deren Folge eine lockere Komposition in beinahe asiatischer Manier ergibt. Da die Kostproben klein sind, kommen sie rasch nacheinander auf den Tisch und wirken wie improvisiert, man probiert, lässt etwas aus, steigt wieder ein, so begleitet ein venezianisches Mahl die Launen und die Gesprächsrhythmen der Speisenden und versucht nie, sie sprachlos zu machen oder ihre Sinne ganz zu beherrschen.

In der Trattoria *Alla Madonna* gibt es unter den kalten Vorspeisen zwei Favoriten, zum einen handelt es sich um das weiße, von schwachen Rottönen durchzogene Seespinnen-Fleisch, das in ihren stacheligen orangeroten Panzern serviert wird, zum anderen aber um eingelegte Sardinen, die berühmten *Sarde in saor*.

Die Vorspeisenalternative zwischen dem Seespinnenfleisch und den eingelegten, leicht säuerlichen Sardinen ist zugleich eine Alternative zwischen den beiden sehr unterschiedlichen Speisefolgen des venezianischen Mittagessens. Das Seespinnenfleisch nämlich ist eine milde, beinahe puristische Speise, es wird aus den langen, mit einer Zange aufgebrochenen Beinen der Seespinne herausgezupft, wie ein Federbett in ihrem Panzer drapiert und mit etwas Zitronensaft beträufelt. Kostet man es, schmeckt man die reine Intensität zartesten Fischfleischs ohne jedes Gewürz, eine solche Eröffnung hat etwas Andeutendes, Minimalistisches und bedarf einer allmählichen, diesen Minimalismus fortsetzenden Steigerung.

Die eingelegten Sardinen dagegen sind voll der verschiedensten Aromen und setzen gleich zu Beginn einen kräftigen Akzent, der nun ebenfalls aufgenommen und fortgesetzt werden sollte, erst Enrico hat mich von meinen Grübeleien befreit und mir die entscheidenden Hinweise gegeben, wie man nach dem jeweiligen Entrée am besten fortfährt.

Die ideale Steigerung der Seespinnenvorspeise, erklärte er mir, sind Jakobsmuscheln auf venezianische Art, während die Aromen der marinierten Sardinen nicht besser zur weiteren Geltung gebracht werden können als durch *Seppioline alla veneziana*, also durch Tintenfischstücke in einer tiefschwarzen, ölig schimmernden Tintenfischsauce, zu denen man etwas Polenta serviert.

Natürlich kommen auch im *Alla Madonna* die Jakobsmuscheln in ihren weiten Fächerschalen auf den Tisch, das helle und feste Muschelfleisch liegt verborgen unter dem dünnen Gratinierpelz der in Wein eingeweichten Semmelbrösel, man hebt alles mit der Gabel oder einem kleinen Löffel aus der Schale und dringt dann mit der Zunge durch die weichen Gratinierschichten zum festeren Muschelfleisch vor, es handelt sich um einen überraschenden Übergang vom leicht Sämigen zum Festen.

Die kleinen Tintenfischstücke dagegen sind lauwarm und sehr weich, auf der Zunge zerfallen sie nach wenigen Kaubewegungen, die goldgelbe Polenta ist durchtränkt von der schwarzen Sauce, blockt sämig den intensiven, leicht scharfen Geschmack ab und bereitet so vor auf die nächste Zufuhr an zartem Tintenfischfleisch.

In beiden Fällen bleiben die Portionen klein, man intensiviert ein wenig die fischigen Geschmacksvariationen, man taucht ein in das Meer und öffnet sich den begleitenden Aromen der mit Vorsicht verwendeten Gewürze. Bei der kalten Vorspeise und dem lauwarmen Entrée werden es viele Venezianer dann sogar bewenden lassen, denn man kostet traditionell in Venedig am Mittag vor allem etwas Fisch, niemals aber sehr viel, man hält, könnte man sagen, Kontakt mit dem Meer, man nimmt seine salzigen Nuancen kurz auf die Zunge, dann bricht man wieder auf, um das funkelnde Sonnenlicht draußen und die aufblühende Tagesschönheit Venedigs nicht zu versäumen.

Schon vor knapp zweihundert Jahren aß man in Venedig am späten Morgen gegen elf oder zwölf Uhr eine Kleinigkeit und verlegte die Hauptmahlzeit des Tages auf den frühen Abend, der, sofern man es sich leisten konnte, noch eine weitere, intensivere Mahlzeit spät in der Nacht folgte.

Insgeheim haben sich die Venezianer diesen Rhythmus erhalten, das Mittagessen und die Siesta werden nicht allzu lang ausgedehnt, man findet sich schon bald wieder ein in der Stadt, durchstreift sie bis zum Abend und isst dann sehr spät und so lange, bis der städtische Raum ringsum erstorben ist.

Wollte man sich aber nicht mit diesen Mittagskostproben, die von einem guten Weißwein begleitet werden, zufriedengeben, so könnte man die kleine Mahlzeit durch einen im Ofen gebratenen Fisch auch zu einer größeren machen. Gegrillten Fisch zu essen, sagt Enrico, ist eine Schande, denn nur Menschen, die vom Fisch nichts verstehen, bestellen gegrillten Fisch, dem durch die hohe Temperatur aller Geschmack genommen wird. Ganz zur Entfaltung kommt der Fisch dagegen im Ofen.

Der beste Abschluss für den nun genossenen Dreiklang von kalter, lauwarmer und warmer Fischspeise ist ein *Sorbetto al limone*, also zerstoßenes, bereits etwas flüssiges Zitroneneis mit einem kleinen Schuss Wodka, das dem Essen die leichte Schwere nimmt und Deine Geschmacksnerven für den Nachmittag öffnet.

Natürlich gehst Du jetzt nicht in Dein Zimmer zurück, um dort die sonnigsten Stunden des Tages zu verbringen, andererseits bedarf Dein Körper jetzt einer mittäglichen Entspannung. Dich zurückziehen möchtest Du nicht, spazierengehen aber auch nicht, so ist der frühe Nachmittag die ideale Zeit für die Fortbewegung auf dem Wasser.

Sarde in saor
Marinierte Sardinen

1 kg Sardinen
500 g weiße Zwiebeln
Weißweinessig
1 Glas trockener Weißwein
Mehl
Olivenöl
Salz, weißer Pfeffer
1 Handvoll Pinienkerne
1 Handvoll Rosinen

Die ausgenommenen, von Kopf und Schwanz befreiten Sardinen waschen, trockentupfen und in Mehl wenden. Das Olivenöl langsam erhitzen und die Sardinen darin von beiden Seiten goldbraun braten. Herausnehmen, auf Küchenpapier abtropfen lassen und salzen. Die Zwiebeln schälen, in feine Streifen schneiden und im verbliebenen Öl erhitzen. Weißwein, Pinienkerne, Rosinen, Pfeffer und etwas Essig dazugeben und zu einer dickflüssigen Marinade einkochen. Die Sardinen in einer Terrine übereinanderschichten, die Marinade darübergeben und mindestens zwei Tage an einem kühlen Ort ziehen lassen. Die Sardinen auf kleinen Tellern zu einem Glas kühlen, trockenen Weißwein servieren.

Capesante
Jakobsmuscheln

Pro Person drei Jakobsmuscheln
1 Knoblauchzehe
1 Zitrone
Semmelbrösel

Olivenöl
Etwas Weißwein (trocken)
Salz, weißer Pfeffer
Petersilie

Die handtellergroßen, wie ein Fächer aussehenden Jakobsmuscheln lassen sich oft schwer öffnen. Am einfachsten ist es daher, sie für ganz kurze Zeit in den schwach erwärmten Ofen zu legen, dann springen sie von selbst auf.

Ober- und Unterschale voneinander trennen, das Fleisch auslösen und herausnehmen. Das weiße, innere Fleisch (die »Nuss«) und den orangefarbenen Rogen von den grauen Rändern befreien. Das Fleisch waschen und kurz in den Semmelbröseln wenden. Das Öl erhitzen, die geschälte Knoblauchzehe darin goldbraun braten und herausnehmen. Petersilie waschen und hacken. Etwas Weißwein, Petersilie, Zitronensaft, Salz und gemahlenen Pfeffer hinzufügen und einkochen lassen. Das Muschelfleisch zwei Minuten im sämigen Sud garen. In den gewaschenen Schalen servieren.

¶¶ Seppioline alla veneziana
¶¶ Tintenfisch venezianisch

1 kg möglichst kleine Tintenfische
1 Knoblauchzehe
Olivenöl
1 Bund Petersilie
1 Bund Basilikum
1 Zitrone
2 Chilischoten
1 Glas trockener Weißwein
Salz, Pfeffer

Die Tintenfische putzen und waschen. Sie längs teilen und quer in dünne Streifen schneiden. Knoblauch schälen, Kräuter waschen und alles mit den Chilischoten klein schneiden. Das Olivenöl mit dem Zitronensaft erhitzen, Tintenfische hineingeben und kurz anbraten. Weißwein, Knoblauch, Petersilie, Basilikum und Chilischoten dazugeben. Salzen, pfeffern und zu einer Sauce einkochen lassen.

⦙⦙⦿ Triglie stufate al forno
Meerbarben aus dem Ofen

Pro Person 2 nicht zu große Meerbarben (küchenfertig)
2 Knoblauchzehen
1 Bund Petersilie
Etwas Rosmarin
3 EL Butter
Olivenöl
Saft einer Zitrone
1 halbes Glas trockener Weißwein
Salz, Pfeffer

Die ausgenommenen Meerbarben in eine Tonform legen. Knoblauch schälen, Kräuter waschen und alles klein hacken. Mit Olivenöl, dem Saft der Zitrone und etwas Weißwein verrühren, diese Marinade dann über den Fisch geben und alles einen Tag ziehen lassen.

Am nächsten Tag die Fische herausnehmen und trockentupfen. Den Backofen auf 200 °C vorheizen. Die Butter zerlassen. Die Fische mit der Butter dünn bestreichen, in eine feuerfeste Form legen und die Marinade darin verteilen. Alles leicht salzen und pfeffern und im Ofen dreißig Minuten garen. Die Fische mindestens einmal wenden, dabei auch die Marinade verrühren.

Im mollusken Körper der Stadt

Auf den Veduten der venezianischen Maler des 18. Jahrhunderts ist Venedig eine Stadt voller Gondeln. Zu kleinen Flotten gestaffelt, lehnen sie an jedem Palast, und in mehreren Reihen hintereinander säumen sie die Ufer des *Canal Grande.* In der eleganten Gondel, die damals noch eine kleine Kabine besaß, in der man sich den Blicken von außen entzog, durchstreiften die vornehmen Venezianer ihre Stadt, die Gondel war die Veredlung des Bootes oder der Barke, sie war die ästhetische Vervollkommnung der zweckfreien, nur der Muße, der Konversation oder der geheimen Erotik dienenden Fortbewegung.

Heute wirkt die Gondel wie ein melancholisches Zitat oder ein touristisches Requisit, und Venezianer besteigen sie nur noch, wenn sie Gästen eine Freude machen wollen und zudem sicher sind, dass sie unerkannt bleiben. Die vielen Touristen aber nun wiederum, die eine kurze, oft nur halbstündige Fahrt mit ihr teuer bezahlen, verstehen das Besondere der Gondel nicht mehr, sie halten sie für ein rares, merkwürdiges Kuriosum, in dem man Platz genommen haben muss, um sich gegenseitig zu fotografieren und den Gesängen in die Jahre gekommener Gondolieri zu lauschen.

Was das Besondere der Gondel ausmacht, hat mir Stefano, Enricos Freund, während meiner ersten Gondelfahrt einmal einleuchtend erklärt. Stefano studiert, finanziert sich aber sein Studium als Gondoliere, anders als seine vielen Kollegen wartet er nicht auf den *Campi* oder nahe einer Brücke auf Kundschaft, sondern fährt seine Kunden vor allem nach vorheriger telefonischer Bestellung, und anders als üblich bietet er ihnen sorgfältig ausgewählte Touren von mindestens einer Stunde und keine kurzen Partien den *Canal Grande* hinab und hinauf.

Die meisten Touristen, sagt Stefano, beweisen ihre Unerfahrenheit im Umgang mit der Gondel schon dadurch, dass sie ihre Fahrten an den falschen Stellen beginnen. Vor der *Piazzetta* von *San Marco* oder an einer Anlegestelle des *Canal Grande* eine Gondel zu besteigen bedeutet, sie zu einem Kampf gegen die Wellen und die dicht an dicht neben ihnen herfahrenden Vaporetti und Wassertaxis zu missbrauchen.

Eine Gondel ist aber kein Fortbewegungsmittel wie die anderen, schnelleren und robusteren Fahrzeuge, sie dient überhaupt nicht dem Zweck, einen von einem Punkt zum andern zu bringen, sondern sie ist so etwas wie ein Solo-Instrument, das seine ganze geheimnisvolle Wirkung vor allem allein, in der Stille und in einer bestimmten Umgebung entfaltet.

Was Stefano damit meinte, habe ich selbst auch erst begriffen, als ich mit ihm in den kleinen, ruhigen Kanälen von *Dorsoduro* unterwegs war. Dabei bemerkte ich zunächst sehr verblüfft, dass sich die Gondel vollkommen geräuschlos bewegte. Kein klatschendes Eintauchen des Ruders, kein Knarren von Planken und Brettern – die Gondel glitt wie ein stummes Wesen durch das beinahe regungslose, angespannt atmende und ihre Berührung geradezu sehnsüchtig erwartende Wasser.

Langsam, viel langsamer als etwa ein ruhig daherschlendernder Spaziergänger in den venezianischen Gassen, schob sie sich zwischen den plötzlich steil zu ihren Seiten aufragenden Häuserfronten hindurch. Diese Langsamkeit aber hatte zugleich etwas Zügiges, nirgends gab es ein Stocken, ein Halten, ein Verweilen – die Gondel schien sich dem geheimen Tempo des Wassers angepasst zu haben, sie selbst schien ruhig mitzufließen, passiv, still, unendlich zurückhaltend und vornehm.

Ihre stille Passivität und ihre Langsamkeit verwandelten die Umgebung aber in einen nun ebenfalls sehr langsam ablaufenden Film, zu beiden Seiten bauten sich die Bilder im Zeitlupentempo auf, präsentierten sich so lang, dass man sie genau betrachten und sich sogar in ihnen verlieren konnte, und versanken allmählich wieder in den zitternden, sie verwischenden Spiegelungen des Wassers.

Dabei erschien an Stelle der künstlich angelegten *Calli* und *Campi* plötzlich das eigentliche Wegenetz der Stadt, das Wegenetz seiner gekrümmten und sich verzweigenden Rinnsale und Kanäle, sein mollusker Tintenfisch-Innenleib mit seinen geheimen Ganglien und Venen. Wer in früheren Jahrhunderten in Venedig auf der Flucht war, sagte Stefano, der kannte genau diese Wege, auf seiner Flucht folgte er nicht den bebauten Gassen, sondern hielt sich an das eigentliche Wegenetz des Wassers und damit an die Tiefenstruktur aller venezianischen Topographien, die in ihren Asymmetrien und Verschiebungen nur die Gondel wie der behutsame und beinahe zärtliche Stift eines Zeichners auf dünnem Papier nachzeichnet und erkundet.

Ich muss zugeben, dass ich nicht nur verblüfft, sondern auch verzaubert war. Ich begriff, dass eine Fahrt mit der Gondel die einzig genuine Form der venezianischen Fortbewegung ist, lautlos sich vortastend, schiebt sie sich wie eine feine Kanüle durch das unter der Oberfläche liegende Nervensystem und bringt einen dabei, stärker als jeder Spaziergang es vermag, in einen physischen Kontakt mit der Umgebung.

Man sitzt sehr tief und flach auf dem Wasser, man scheint beinahe selbst darin zu treiben, mit der Zeit vergisst und übersieht man die Gondel, als wäre sie nur ein Medium, um jene größtmögliche Vereinigung mit dem Körper der Stadt zu bewirken, die einen unter den Brücken hindurch-, dicht an den Häuserwänden entlang-, um ihre Ecken herum-, ja manchmal sogar durch die Bauten hindurchfahren lässt.

Vom weich gefütterten Gondelsitz aus betrachtet, wirken die Spaziergänger Venedigs dann fremd, als hätten sie sich auf dem festen Boden verlaufen und gehörten einer hilflos herumirrenden, niemals und nirgends ankommenden Spezies an. Man lehnt sich zurück, man schließt für einige Momente die Augen und vertieft sich ganz in die unendlich reizvolle, traumwandlerische Form der Bewegung, man beginnt, süchtig nach ihr zu werden, und will die Fahrt später so bald wie möglich wiederholen.

Seither habe ich jede Gelegenheit genutzt, mit einer Gondel zu fahren, viele meiner Bekannten und Freunde habe ich während ihrer Venedig-Besuche trotz ihrer oft heftigen Gegenwehr dazu überredet und schon bald überzeugt. Gondelfahrten haben ein sehr sinnliches und stark erotisches Moment, das gerade jenen wie erstarrt und voller Ehrfurcht in der Gondel sitzenden Liebespaaren, die solche Fahrten oft nur einer verblasen beschworenen »Romantik« wegen schätzen, fast immer entgeht.

Allein in eine Gondel zu steigen wäre also kein vollkommenes Vergnügen, jetzt, am frühen Nachmittag, bleibt Dir daher nicht viel anderes, als auf einem Vaporetto der Linie 1 den *Canal Grande* entlangzufahren, an der *Rialto-Brücke* befindest Du Dich genau in der Mitte und an der schmalsten Stelle der beinahe vier Kilometer langen Flusswindung, die früher einmal ein Mündungsarm des Flusses Brenta in die Lagune war.

Vielen Fremden fällt die Orientierung in Venedig so schwer,

weil sich ihnen die Linienführung des großen Canals nicht bildlich einprägt, es handelt sich um zwei Halbkreise, die gegensinnig miteinander verbunden sind, aus der Luft würde man auf ein spiegelverkehrtes »S« blicken, genau diese Spiegelung aber verwirrt die Vorstellungskraft und führt dann dazu, dass sich ein komplettes Bild der Stadt aus der Vogelperspektive schlecht imaginieren und erinnern lässt.

Auch eine Vaporetto-Fahrt ist kein geringes Vergnügen, die Schaufassaden der großen Palazzi Venedigs ziehen langsam an Dir vorüber und variieren in unendlicher Folge den Zusammenklang von meist drei Geschossen, nirgends sonst auf der Welt präsentieren sich die Familien- und Hauspaläste einer Stadt derart beziehungsreich: homogen und doch in den Nuancen verschieden, spielerisch leicht, ohne jeden wehrhaften oder gar festungsartigen Schutz, als eine fortlaufende Sequenz hinreißender Einzelbilder und damit als frühe Vorstufe zu einem Film, den viele Zeichner und Maler denn auch schon erahnten und möglichst lückenlos zu fixieren versuchten.

Du würdest im Freien sitzen, weit vorn, mit dem Blick auf die ganze Breite des Canals, die Filmstreifen mit den Fassadenbildern würden sich zu beiden Seiten entrollen, ab und zu würde der Vaporetto erst auf der einen, dann auf der anderen Seite anlegen und Dich so wie mit kurzen Stickbewegungen ans offene Ende dieses langen Darmschlauchs der Stadt bringen.

Diesmal jedoch lockt Dich eine dritte Fahrtmöglichkeit, denn ganz in der Nähe des Fischmarkts siehst Du ein Traghetto liegen, das bald zum anderen Ufer ablegen wird, wo die besten Bäckereien und Konditoreien der Stadt auf Dich warten.

Die Süßspeisen des frühen Nachmittags

Ein Traghetto ist eine Gondel, der das Solistendasein verwehrt bleibt und die durchaus die Aufgabe hat, die Fahrgäste an ein Ziel zu bringen, daher machen die Venezianer in diesem Fall eine Ausnahme und besteigen den Traghetto in kleinen Gruppen, die für die kurze Dauer der Überfahrt von einem Ufer des *Canal Grande* zum anderen aufrecht in ihr stehen bleiben.

Es ist gar nicht leicht, aufrecht und ohne Halt in einer sich vorwärtsbewegenden Gondel zu stehen, die im oft heftigen Wellengang des Canals hin und her schwankt – die Venezianer führen es den nicht selten unruhig werdenden Fremden jedoch mit stoischer Gelassenheit vor. Sie stehen still, als konzentrierten sie sich, sogar die Unterhaltung setzt aus oder wird gedämpft fortgeführt, niemand hält sich an seinem Nachbarn fest, insgeheim federt man die Bewegung der Gondel in den Knien ab, tut aber so, als stünde man regungslos da wie der aufrechte Zinnsoldat, dem nur die Liebe etwas anhaben kann.

In wenigen Minuten bist Du am anderen Ufer und erreichst die breite *Strada Nova*, die zusammen mit ihren Fortführungen dem oberen Halbkreis des *Canal Grande* beinahe vollkommen parallel bis zur Bahnhofsgegend folgt. In dieser Zone nahe der *Rialto-Brücke* ist sie voller alter Bäckereien und Konditoreien, deren Fensterauslagen wie Stillleben komponiert sind, alle Varianten der *Dolci tipici veneziani*, der typisch venezianischen Süß- und Nachspeisen also, sind hier zu betrachten, ihre Herstellung hat mit jahrhundertealten venezianischen Ritualen zu tun, die den Tageslauf aller Volksschichten bestimmten.

Schon vor Jahrhunderten nämlich begannen die Venezianer den Morgen nicht mit einem schweren, sondern einem sehr einfachen, leichten Frühstück, man trank mehrere Tassen Kaffee oder zwei oder drei Tassen der damals noch beliebteren dunklen Schokolade, und man tunkte in das Getränk trockenes, süßes Gebäck, das sich mit den Aromen der Flüssigkeiten vollsog. Die heiße Schokolade war das Getränk des frühsten Vor- und Nachmittags, sie stillte den Hunger und verwöhnte den Gaumen, Kaffee aber trank man den ganzen Tag immer wieder in kleinen Mengen, im späten 18. Jahrhundert wurde er zum Modegetränk in den über zweihundert Kaffeehäusern, von denen manche die ganze Nacht über geöffnet waren.

Das trockene Gebäck, das man dazu reichte, hielt sich in der oft hohen Luftfeuchtigkeit lange, auch den großen Bootsmannschaften, die oft monatelang unterwegs waren, gab man es mit auf die Reise, so wurde Venedig dank seiner geographischen Lage übrigens auch zum europäischen Ursprungsort der verschiedensten Sorten von Zwieback.

In den Schaufenstern der *Strada Nova* erkennst Du nun zuerst die blassen, wie von einem Rokokomaler gemalten großen *Meringhe* oder die kleineren *Spumilie*, Baiserfantasien in den verschiedensten Farbtönen. Es gibt sie mit Kaffee-, Zitronen-, Erdbeer- oder Pistaziengeschmack, Du solltest sie aber niemals ohne Getränk in all ihrer Trockenheit kosten, denn ihre unvergleichliche Süße und ihre dichte, dabei aber immer schaumartig bleibende Intensität entfalten sie erst, wenn Du sie mehrmals kurz in einem möglichst heißen oder warmen Getränk badest und sie Dir dann im wahrsten Sinne des Wortes auf der Zunge zergehen lässt.

Neben den blassen *Meringhe* oder *Spumilie* entdeckst Du in den Schaufenstern die vielfältigsten Kreationen von Gebäck, oft handelt es sich um Mandel- oder mit ganzen Nüssen durchsetztes Schokoladengebäck, es gibt guten Strudel (mit sehr dünnem Boden), kleine Torten, die wie schwer beladene Kähne mit Früchten belegt sind, pompöse Halbkugeln mit Mandeldächern auf ihren Buckeln, *Baci*, deren winzige Hälften sich in der Mitte mit ihren schmalen Schokoladenlippen küssen, kleine, mit den verschiedensten Cremes gefüllte Blätterteigröllchen oder die flachen *Zaletti* mit ihren dünnen Rissen und Schründen, aus denen karamelisierte Spuren von Pistaziengrün oder Zitronengelb glimmen.

In jedem gut geführten venezianischen Haushalt lagert in großen Dosen eine reichhaltige Gebäck-Kollektion auf Vorrat, sie wird den Gästen zu einem Getränk gereicht oder nach den Mahlzeiten zum Kaffee angeboten.

Ganz unvergleichlich aber schmeckt dieses Gebäck, wenn man es in eine *Zabaione* taucht, wie sie etwa im *Corte sconta* nach einer ausgedehnten Fischmahlzeit serviert wird.

Du hast Dir in den Bäckereien und Konditoreien der *Strada Nova* (wie etwa in der *Antica Pasticceria Fratelli Martini, Cannaregio, 4310*, oder im *Pitteri Giovanni, Cannaregio 3843*) nun selbst einen kleinen Gebäckvorrat beschafft. Um von ihm zu kosten, könntest Du entweder das nahe, jetzt von der kräftigen Nachmittagssonne erwärmte Ufer des *Canal Grande* oder den kleinen *Campo dei Santi Apostoli* aufsuchen, wo es einige Bänke, aber auch Straßencafés gibt, deren Kellner Dir zu Deinen Naschereien gern ein heißes Getränk servieren. (Verweilst Du dort lange und bleibst sogar bis zum frühen Abend, solltest Du im nahen *Vini da Gigio, Cannaregio 3628 / A*, einkehren.)

Traditionsgemäß aber wäre der Nachmittag nun die Zeit

der Besuche, die Zeit also, um sich in einem der großen venezianischen Palazzi anzumelden und sich von dem Hausherrn durch die weiten Flure oder die Sammlung seiner Gemälde führen zu lassen.

Cioccolata calda
Heiße Schokolade

Die Bäckereien und Konditoreien Venedigs bieten beste, selbst hergestellte Blockschokolade in ihren Schaufenstern an, sie liegt dort, zu großen Türmen drapiert, in allen nur denkbaren farblichen Nuancen von tiefschwarzer Kompaktheit bis zu helleren und schon beinahe bräunlichen Tönen und ist die unverzichtbare Grundsubstanz einer guten venezianischen Schokolade.

200 g beste Blockschokolade
4 EL Zucker
Abgeriebene Schale einer unbehandelten Orange
1 Vanilleschote
1 EL Orangenlikör
1 l Milch

Die Milch mit der aufgeschnittenen Vanilleschote aufkochen, die Hitze reduzieren und die Schokolade darin schmelzen lassen. Zucker, Orangenschale und Orangenlikör dazugeben, verrühren, die Vanilleschote entfernen und die Schokolade heiß servieren.

Zaletti
Hefe-Rosinen-Gebäck

400 g Maismehl
400 g Weizenmehl
4 Eier
200 g Zucker
200 g Butter
150 g Rosinen
100 g Pinienkerne
50 g Hefe
1 Glas Milch
1 halbes Glas Rum
Die geriebene Schale einer Zitrone
1 Prise Salz
1 Prise Vanille
Etwas Butter

Die beiden Mehlsorten miteinander vermischen, die Hefe in lauwarmer Milch verrühren und auflösen, die Rosinen in Rum einlegen. In einer Schüssel die Eier mit dem Zucker sehr schaumig schlagen. Mehl, eine Prise Salz, die Hefemilch, die Rumrosinen, Pinienkerne, Zitronenschale, flüssige Butter und eine Prise Vanillemark hinzufügen und alles miteinander verkneten, bis ein glatter Teig entsteht. Den Backofen auf 180 °C vorheizen. Aus dem Teig kleine, flache Rundbrote formen und auf dem mit Butter eingefetteten Backblech etwa dreißig Minuten im Ofen backen.

Nachmittagsbesuche (I)

Der *Palazzo Mocenigo* liegt in einer schmalen Gasse hinter der Kirche *San Stae*, heute ist er ein Museum und beherbergt ein Studienzentrum zur Erforschung von Stoffen und Kostümen der letzten Jahrhunderte. Wie kein anderer öffentlich zugänglicher Palazzo Venedigs vermittelt er daneben aber auch die Illusion, sich in der alten Vergangenheit der Stadt zu bewegen, seine Räume sind noch möbliert, auch viele weitere Teile der früheren Einrichtung sind noch erhalten geblieben.

»Alte Vergangenheit« – das bezeichnet in Venedig nur einen einzigen bestimmten Zeitraum, gemeint sind die letzten Jahrzehnte des 18. Jahrhunderts, die Jahrzehnte also vor dem Untergang der Republik im Jahr 1797. Noch heute sehnt sich die Stadt insgeheim nach dem Leben in diesen Jahren, sie träumt von ihnen, ja sie nutzt jede Gelegenheit, sich in diese Zeit zurückversetzen zu können, aus keinem anderen Grund gibt es die vielen Läden mit Masken, alten Stoffen und Kostümen, in denen sich die Fremden so gern fotografieren lassen.

Unendlich oft und unaufhörlich sind diese Jahrzehnte in Venedig beschworen worden, noch heute wird die Musik Vivaldis an jeder Straßenecke gespielt, noch heute werden die Stücke Goldonis und Gozzis auf den Plätzen und in den Theatern aufgeführt, ganz zu schweigen von den Veduten Canalettos und Guardis aus dieser Zeit, die überall in der Stadt präsent sind, weil sie ihr beweisen, noch immer dieselbe wie früher zu sein, stark gealtert, erbleicht, aber noch immer dieselbe.

Es ist, als hätte es die letzten beiden Jahrhunderte nicht

gegeben, und wahrhaftig haben sie in Venedig weniger als in allen anderen Städten der Welt etwas ausrichten können, die Bauten der Stadt stehen noch immer am alten Ort und wurden höchstens ein wenig ergänzt, auf leicht melancholische Weise hält die Stadt so an der Illusion fest, ohne die Moderne ausgekommen zu sein und auch weiter auskommen zu können.

»Modern« nämlich ist in Venedig seit dem Ende der Republik und ihrer jahrhundertelangen, großen Machtfülle im gesamten Mittelmeerraum meist »das Fremde«, fremd war die Idee der Habsburger, die Inselstadt durch eine Brücke mit dem Festland zu verbinden, fremd war die moderne Technik, die Venedig Dampf- und Motorboote bescherte, fremd aber waren vor allem die überfallartigen Eroberungen Venedigs durch die Touristen, die sich der Stadt auf Wegen näherten, auf denen sie in ihren Großmachtzeiten gar nicht zugänglich war.

Murrend, anklagend und immer wieder protestierend, hat Venedig sich all diesen Verfremdungen geöffnet und sie, so gut es eben noch ging, integriert, in seinem Innern aber, da, wo es noch immer für sich ist, wo man seinen uralten Dialekt spricht und die Fremden in den Sicherheitszonen der eigenen Häuser nicht gerne zulässt, hat es sich den Traum einer nicht enden wollenden Vergangenheit bewahrt, wünscht es die ganze Moderne zum Teufel und verehrt Giacomo Casanova, den Hohen Priester und die Inkarnation seiner alten Kultur, seiner Vorlieben, Phantasien und Passionen, jenen Casanova also, der nach einem langen abenteuerlichen Leben ein Jahr nach dem Ende der Republik fern von seiner Heimatstadt im böhmischen Dux starb, als könnte er ohne sie nicht weiterleben.

Du betrittst den *Palazzo Mocenigo* durch das große Eingangstor von der belebten Gasse her, jetzt stehst Du im *Androne*, in der langgestreckten, die ganze Tiefe des Palazzo durchmessenden Haupthalle des Erdgeschosses. Es ist dunkel und kühl, etwas Sonnenlicht fällt nur durch das gegenüberliegende Tor zum Wasser hinein, die Sonnenflecken springen durch dieses Tor in die Halle, bewegen sich an den Wänden entlang oder stehen, die Bewegungen des Wassers reflektierend, zitternd an der Decke.

Jeder größere venezianische Palazzo hatte einen solchen *Androne*, der auf der einen Seite von der Gasse, auf der anderen vom Wasser aus zugänglich war. Im *Androne* wurden die Waren ausgeladen, manche waren sogar so zum Wasser geöffnet, dass Lastboote oder Gondeln in ihn hineinfahren konnten. In den kleinen, ebenfalls rechteckigen Räumen zu beiden Seiten wurden die nicht verderblichen Waren fürs Erste gelagert, die anderen wurden hinauf-, ins Zwischengeschoss, getragen, wo sich auch das Büro des Hausherrn befand. Der untere Bereich des Palazzo war so der Abwicklung der Geschäfte vorbehalten, im oberen wohnten die Familienmitglieder, so befanden sich Geschäfts- und Wohnbereich unter einem Dach.

In Deinen Augen hat der *Androne* eine eigentümliche Magie, er ist zum einen eine luftige Halle, in die das Wasser des angrenzenden Kanals hineinschwappt, und er ähnelt zum anderen einem großen Keller, in dem man den Vorräten und Lagern des Hauses besonders nahe war. Du stellst Dir vor, dass er an festlichen Abenden von Kerzen und Öllampen erhellt war, die Dienerschaft stand hier bereit, um die Festgäste in Empfang zu nehmen und die breite Treppe zum Hauptgeschoss, dem *Piano nobile*, hinaufzugeleiten.

Du hörst jetzt die Begrüßungsrufe und das leise Murmeln der ersten Gespräche, Du folgst ihm selbst die bequeme

Treppe hinauf und erreichst den großen *Portego*, den Empfangs- und Festsaal, in dem der Hausherr seine Gäste begrüßte.

Nicht nur im *Palazzo Mocenigo* ist der große *Portego* von überwältigender Schönheit und Großzügigkeit. Wie der genau unter ihm liegende *Androne* durchmisst auch er die ganze Tiefe des Palazzo und wirkt mit seinen Bildern, Büsten und Lüstern aus Muranoglas wie ein Ballsaal von größter Eleganz. Durch die Fensterfront der einen Seite blickst Du hinab auf das Gewimmel der Gasse, auf der anderen aber befindet sich ein kleiner Balkon oder eine weit sich öffnende Loggia, in deren schattigem Raum man an heißen Tagen das erste Getränk servierte.

Im *Portego*, stellst Du Dir vor, findet sich nun die Festgesellschaft ein, man steht in kleinen Gruppen zusammen, nippt an einem Getränk und erzählt sich den neusten Klatsch, in einem abgetrennten Bereich spielt die kleine Hauskapelle des gastgebenden Conte, auf den von den Wänden die Bilder und Büsten seiner zahllosen Ahnen blicken, als behielten sie ihn auch nach ihrem Tod scharf im Auge.

Nach beiden Seiten zweigen dann die weiteren Festräume ab, in dem kleinen Wohnzimmer konnte der Conte sich in intimer Runde unterhalten, um später hinüberzuwechseln ins rote oder grüne Wohnzimmer, in dessen die ganze Wandbreite bedeckenden Spiegeln sich das Licht der Kron- und Wandleuchter bricht. An diese Empfangs- und Gesprächszimmer schließen sich die Esszimmer und die Bibliothek an, während sich im hintersten, zuletzt zugänglichen Raum das Schlafzimmer befindet.

Im Schlafzimmer des *Palazzo Mocenigo* stehen ein kleiner Tisch, ein breites Bett und daneben ein Betstuhl, oft sind hier die Vorhänge zugezogen und die Fensterläden geschlossen, so dass der Raum etwas Ruhiges und Intimes behält. In Deinen Vorstellungen ist der Conte hier oft allein, das Schlafzimmer ist der private Raum seines Rückzugs, denn die adligen Eheleute schliefen nicht zusammen in einem Raum, sondern stets getrennt, oft sogar in verschiedenen Geschossen.

Während Du aber all diese den großen *Portego* umsäumenden, mehr oder weniger öffentlichen oder intimen Räume durchstreifst, triffst Du auf hohe Glasvitrinen, in denen die Kleidung der venezianischen Traumzeit des späten 18. Jahrhunderts ausgestellt ist, die Frauen tragen weite Röcke über großen Reifengestellen und schmücken sich mit der *Zendale*, dem schwarzen Seidenschal, der vor der Brust gekreuzt und auf dem Rücken zusammengebunden wurde, während die Männer zum langen Rock ein Wams und Kniehosen tragen, dazu enganliegende Seidenstrümpfe und Schnallenschuhe.

Die Schlafzimmer-Vitrine regt Deine Phantasien am stärksten an, denn sie enthält viele Accessoires, Du erkennst kleine, mit Blumenmotiven bestickte Häubchen und Frauenstrümpfe aus blasser, lachsrosa Seide, daneben liegen winzige Handtaschen und Fächer, mit ländlichen Szenen bemalt, auch die schmalen Damenschuhe sind aus feinster Seide und haben kostbare, silberne Schnallen, am auffälligsten aber ist das straffe, elfenbeinfarbene Mieder, das an die schöne Hausherrin erinnert, die im anderen Flügel des Palazzo übernachtet oder vielleicht auch ganz separat, hoch oben, im zweiten Geschoss.

Da Mann und Frau sich auch in der Öffentlichkeit, ja sogar im Theater oder auf größeren Festen, sehr selten zu zweit zeigten, bedurfte die adlige Dame bei ihren Ausflügen in die Stadt männlicher Begleitung, hierfür konnte sie sich einen jungen Mann mit oft beträchtlichem Charme, den sogenannten *Cicisbeo*, auswählen, der ihr schon am Morgen seine Aufwartung machte, mit ihr eine Schokolade trank und sogar das Recht hatte, ihr beim Ankleiden zu helfen.

Über das enge Zusammensein der adligen Dame mit dem oft erheblich jüngeren *Cicisbeo*, das sich den ganzen Tag über bis in die Nacht fortsetzte, könnte man die schönsten Geschichten erfinden, an dieser Stelle aber ist nur von Bedeutung, dass Kultur und Atmosphäre des adligen Palazzo vor allem von der Hausherrin geprägt wurden, die für die Leitung des gesamten Haushalts zuständig war und daher auch von Wirtschaft und Ökonomie etwas verstehen musste.

Viele adlige Venezianerinnen waren für ihre Salons bekannt und haben ihr Haus zu einem Zentrum geselliger Kultur gemacht, einige hatten einen großen Ruf als Förderinnen von Musik und Literatur, und manche dichteten sogar selbst und wurden ihrer Gedichte wegen in den literarischen Kreisen ganz Italiens geschätzt.

Du stellst Dir jetzt vor, dass ein großes Fest im Gange ist, in allen Speisezimmern wird das Essen serviert, es gibt gefüllte Perlhühner und Enten, geschmorte Kalbsfüße, Truthahn mit Dörrpflaumen und zu Mus gestampften Maronen, Stockfisch und Aal in Marsalasauce, gebackene Meeräschen und kleine Grundeln in Weißwein …, Du horchst auf das leise Spiel der Hauskapelle, das vom *Portego* aus den ganzen Palazzo durchschallt, die Konversation ist zur Ruhe gekommen, und der Hausherr geht jetzt von Tisch zu Tisch, um sich nach dem Wohlbefinden seiner Gäste zu erkundigen.

Irgendwann aber, wenn das Menü beendet ist und sich die Gesellschaft in die verschiedensten Zimmer verteilt, wird er einige ihm besonders teure Freunde um sich scharen, und er wird sie hinaufführen, in das zweite Geschoss, wo er ihnen das Heiligtum seines Hauses zeigen wird, die Sammlung seiner Gemälde, die Galerie seiner Lieblingsstücke, auf denen jetzt, im späten 18. Jahrhundert, vor allem der Stadtraum Venedigs mit all seinen *Campi* und *Calli* erscheint, als hätten die letzten großen venezianischen Maler nichts anderes im Sinn gehabt, als jedes Detail ihrer Stadt zu retten, für die Zeit nach ihrem Untergang.

Das imaginäre Museum

Im zweiten Geschoss des *Palazzo Mocenigo* hat eine kleine Gruppe von Sammlern und Kunstkennern die Galerieräume des Hausherrn betreten, die Zimmer werden von vielen Lampen erhellt, langsam geht man von Bild zu Bild und widmet sich den geheimen Zeichensprachen der Kunst ...

Du stehst jetzt auf einer Brücke der *Fondamenta nuove* und blickst auf den *Rio dei Mendicanti* hinab, Du stehst aber nicht wirklich auf dieser Brücke, sondern betrachtest *Il Rio dei Mendicanti*, ein frühes Meisterwerk Antonio Canalettos (1697-1768), 1723 gemalt, das sich heute in der *Ca' Rezzonico* befindet.

Du betrachtest das Bild zunächst aus der Nähe und studierst die Details, Du erkennst die für Canaletto so typischen kleinen Konversationsgruppen, zwei oder drei Personen befinden sich in einem intensiven Gespräch, manche der Männer tragen Schoßrock und Dreispitz, andere aber haben darüber noch den weiten, beinahe bis zum Boden gehenden *Tabarro* geworfen, einen bequemen, wärmenden Mantel aus Wolle.

Einige, vor allem ältere Männer sind auch allein, einer tastet sich an einer Hauswand entlang, ein anderer uriniert gegen den Mauervorsprung einer Kirchenfassade, während auf dem Rio gerade eine Gondel mit einem adligen Paar in der schwarzen Kabine ablegt, ihr gegenüber aber eine weitere Gondel von mehreren fleißigen Arbeitern einer Gondelwerft ins Wasser geschoben wird. Aus zwei schlanken Kaminen treiben Rauchwolken ins Blau des Himmels, Wäschestücke flattern auf den hohen Altanen, viele Fenster stehen offen, ein hilfloses Grün bricht zwischen einigen Häusern hervor …

Trittst Du aber nun einige Schritte zurück, so erkennst Du die schweren Akzente des Bildes: den weiten, fast die ganze obere Bildhälfte einnehmenden Himmel, den Mittelstreifen der zur einen Seite im Sonnenlicht, zur anderen im Schatten liegenden Häuserflucht und schließlich die Basis, die flaschengrünen Gefilde des Wassers, durchwühlt von einigen Wellenbewegungen.

Mit diesen Akzenten hat Canaletto seinen Stadtansichten Venedigs eine dichte Atmosphäre verliehen, der weite Himmel öffnet die kleinen geschäftigen Szenerien ins Große, die Häuser wirken wie plastische Bühnen und Spielräume des Lebens, und das Wasser gibt alldem einen schweren, melancholisch wirkenden Grund. So hat Canaletto die venezianische Malerei gleichsam vom Himmel in den Stadtraum Venedigs verlegt, anders als seine Vorläufer Veronese, Tintoretto oder Tiepolo malte er nicht mehr in großen Formaten biblische Szenen oder allegorische Darstellungen, sondern begann, die Selbstinszenierung seiner Heimatstadt bis ins Detail zu studieren.

Wie genau er dabei vorging, kann man heute anhand seiner Skizzenbücher erkennen, von denen einige sogar in Faksimileausgaben vorliegen. Man sieht, wie er sich auf einem *Campo* postiert und für jede Einzelskizze die Perspektive ein wenig verschiebt, Stück für Stück setzt sich das Panorama der Häuser allmählich zusammen, jedes Fenster, jeder Balkon, jeder Kamin ist exakt eingefangen, selbst eine winzige Leiter an einer Kirchenwand lässt Canaletto nicht aus, es ist aber kein einziger Mensch zu entdecken, als hätten die Einwohner ihre Stadt verlassen, die sich dem weiten Himmel jetzt wie ausgestorben präsentiert …

Die Kunstkenner haben einige anerkennende Worte über die Bilder Canalettos verloren, viele Jahre hat der Meister auch in London verbracht und mit seinen venezianischen Stadtansichten auf dem englischen Kunstmarkt Erfolg gehabt, bevor er für immer zurückkehrte.

Als Nächstes werden nun die Bilder eines seiner Schüler betrachtet, auch Francesco Guardi (1712-1793) hat Stadtansichten Venedigs gemalt, die städtischen Räume erscheinen auf seinen Bildern aber erheblich dunkler als auf denen seines Lehrers, er filtert das Licht durch starke Brauntöne, gibt seinen Figurengruppen dann aber ein sehr kräftiges, oft dick aufgetragenes Weiß, so dass sie in den abgedunkelten Räumen aufleuchten wie glühende, herumirrende Punkte. Ihre Gesichter sind nicht mehr zu erkennen, sie haben sich abgewendet und präsentieren sich dem Betrachter von hinten oder von der Seite, als wollten sie ihre Geheimnisse für sich bewahren oder als ginge sie die übrige Welt nichts mehr an.

Taucht Guardi dann aber ein in die Innenräume der Palazzi, so betritt er erst recht verschwiegene Zonen, er beobachtet die Venezianer bei ihren nächtlichen Spielen und Amüsements, es ist, als spionierte er ihnen nach, so unauffällig und versteckt rückt er ihnen nahe, dass sie es nicht einmal bemerken.

Auch Guardis Bilder werden gelobt und sogar gepriesen, vor allem die skizzenhafte Leichtigkeit seiner Malweise gefällt, das Verhuschte, Hingetupfte und Impressive, es ist, als löste sich die schwere Materie der Bauten und Böden auf in leicht modellierbaren Ton.

Dann aber widmen sich die um den Hausherrn versammelten Kenner ihrem Liebling unter den venezianischen Malern, Pietro Longhi (1702-1785), der sicher nicht der

beste der drei großen Spätmeister Venedigs war, seinen Bewohnern aber am meisten schmeichelte. Unermüdlich nämlich und als wäre er vernarrt in die Details des venezianischen Alltags, hielt er ihre Rituale und Sitten auf kleinen Genrebildern fest (Serien dieser Darstellungen befinden sich vor allem in der *Ca´ Rezzonico* und der *Pinacoteca Querini-Stampalia*).

Anders als Guardi beobachtet Longhi seine Mitbürger nicht aus einem Versteck, er mischt sich vielmehr draußen unter das Volk oder drängt hinein in die adligen Salons, er stellt den Venezianern nach und erkundet noch die unauffälligsten, intimsten Gesten. Und so treten sie denn vor ihm an und zeigen sich noch einmal in all ihrer Lebhaftigkeit, sie holen ihre Musikinstrumente heraus und gruppieren sich zu einem kleinen Konzert, sie nehmen Tanzstunden und gehen zur Schneiderin, sie lassen sich porträtieren und kaufen frisch gebackene Krapfen, sie bestaunen ein Rhinozeros oder einen Elephanten, sie erteilen ihren Kindern Unterricht in Geographie oder nehmen sie für ein Familienporträt kurz auf den Schoß, sie gehen zur Beichte oder zur Taufe und besuchen die Messfeier, sie rufen den Friseur und lassen ihn die Dame des Hauses frisieren, sie bestellen zwei Galane und setzen sie an ihr Bett, sie rufen nach einer Schokolade und unterhalten sich über den Ehemann, der ist zur Jagd in der Lagune aufgebrochen, kopfüber stürzen dort die Wildenten ins Wasser …

Unsere Kunstkenner ahnen nicht, dass die letzten bedeutenden Maler Venedigs die Stadt wie ein imaginäres Museum betrachten. Canaletto studiert sie in aller Exaktheit als Bühnenraum, Guardi skizziert sie nervös als dunkles Schattenreich, und Longhi lässt ihre Bewohner noch einmal in prachtvollen Gewändern und Kostümen wie Schauspieler und Darsteller ihrer schönsten Jahre auftreten. All diese Imaginationen der venezianischen Spätzeit aber sind nie völlig untergegangen, noch heute beleben sie in zahllosen Lokalen, Masken- oder Stoffläden das Stadtbild, es ist, als zitierte Venedig mit ihnen seine letzten, ihm selbst authentisch erscheinenden Bilder und Selbstporträts, aus der Zeit, bevor es sich an die Andenkensammler und die fotografierenden Touristenmassen verlor.

Du kannst Dir gut vorstellen, wie der adlige Hausherr seinen Gästen die Bilder Canalettos, Guardis oder Longhis zeigte, in Venedigs Spätzeit waren solche Bilder begehrt, machten großen Eindruck und erzielten auf dem Markt sehr hohe Preise. Du siehst die Kenner und Sammler Abschied nehmen vom Hausherrn, sie sind inspiriert, vielleicht schwärmen sie sogar direkt aus zu einem der vielen Ateliers der venezianischen Maler, in denen es im Erdgeschoss, zur Gasse hin, meist auch kleine Verkaufsräume für die begehrten Objekte gab.

Venedig hat daneben aber auch intime oder prächtige Schauräume der Malerei zu bieten, die in den großen *Scuole* entstanden sind und sich noch heute dort befinden (mehr dazu im nächsten Kapitel). Für eine Gesamtschau venezianischer Malerei von den frühen Anfängen bis zum Manierismus eignet sich schließlich die große Gemäldegalerie (*Accademia, Campo della Carità,* 1050), die man mehrmals (zum Beispiel für jeweils zwei Stunden) besuchen könnte (vor allem abends, nach 18 Uhr, ist sie angenehm leer).

Nachmittagsbesuche (II)

Gehören der Vormittag und der Mittag längeren Spaziergängen durch die Stadt, während der man die unterschiedlichsten städtischen Terrains erkundet und an manchen Punkten verweilt, so eignet sich der eigentliche Nachmittag vor allem für Aufenthalte und längere Besuche in bestimmten Gebäuden. An erster Stelle sind hier die *Schulen* (*Scuole*) zu nennen, die im politischen und sozialen Leben Venedigs bis zu ihrer Auflösung im späten 18. Jahrhundert eine herausragende Rolle spielten.

Scuole waren wohltätige Laienbruderschaften, zu denen sich die vermögenden, aber auch die der Mittelschicht angehörenden Bürger der Stadt zusammenschlossen. Sie gaben sich ein strenges Statut, stellten sich unter den Schutz eines Heiligen und betrieben ihre Hilfe für Kranke und Arme als religiösen Dienst und mit dem Blick auf eine erfolgreiche Jenseitsvorsorge. So verstanden sie sich als durch den christlichen Glauben geprägte Mitglieder einer Familie, die brüderlichen Umgang pflegten und sich regelmäßig trafen. Gemeinsam erlebten sie Gottesdienste, Prozessionen und andere Zeremonien und waren in vielen Hinsichten hilfreich und großzügig nicht nur füreinander, sondern auch für die weniger Bemittelten da.

Es gab stärker religiös ausgerichtete (und damit vor allem an Gebeten und Nächstenliebe orientierte) Bruderschaften, und es gab solche, in denen sich die Einwanderer aus einem bestimmten Land (die Griechen, die Albaner etc.) zusammenschlossen. Schließlich gab es aber auch die Bruderschaften der Künstler, deren Mitglieder nicht selten die großen Versammlungsräume mit Gemälden, Zeichnungen oder Skulpturen ausstatteten.

Das Gebäude einer *Scuola* bestand meist aus einem großen Empfangssaal im Erdgeschoss, in dem auch die religiösen Zeremonien abgehalten wurden, und einem ebenso großen Saal für die Versammlungen der Mitglieder im ersten Stockwerk. An diesen Versammlungssaal schloss sich manchmal noch ein kleinerer Raum (*La Stanza dell' Albergo*) an, in dem das Statut der Bruderschaft aufbewahrt wurde. Eine breite, großzügig angelegte Treppe verband die beiden großen Säle, die ringsum mit Bildern geschmückt waren, deren Motive und Themen oft den Erzählungen über das Leben des jeweils verehrten Heiligen entnommen waren.

Die größte und bis heute imposanteste *Scuola* ist die *Scuola di San Rocco* (*Campo San Rocco, 3052*), die ihren besonderen Ruhm nicht nur ihrer prunkvollen Einrichtung, sondern mehr noch den dort befindlichen Meisterwerken Jacopo Tintorettos verdankt. Seine große *Kreuzigung* in der *Sala dell' Albergo* galt vielen Kunstbegeisterten – wie etwa John Ruskin oder Henry James – als eines der schönsten Gemälde der Welt. John Ruskin hat die Bilder dieser *Scuola* im dritten Band seiner *Steine von Venedig* auch genau und ausführlich beschrieben – die begleitende Lektüre (vgl. die Literaturangabe im *Bücher-Menü*) lohnt sich sehr.

Sehr aufwändig restauriert wurde bis vor kurzem auch die *Scuola di San Marco* (*Rio dei Mendicanti, 6776*), zur Linken der großen Dominikanerkirche *Santi Giovanni e Paolo*, die man sich ebenfalls unbedingt anschauen sollte. Zu den *Großen Schulen* (*Scuole Grandi*) gehört schließlich auch die *Scuola Grande di Giovanni Evangelista* (*San Polo, 2454*), ebenfalls gut restauriert, mit einem besonders festlichen, weiten und geräumigen Empfangssaal.

Die intimste *Scuola* aber ist die *Scuola di San Giorgio degli Schiavoni* (*Castello 3259/a*), in deren kleinem Andachtsraum des Erdgeschosses sich einer der schönsten Gemäldezyklen Venedigs befindet. Dabei handelt es sich um Bilder des Malers Vittore Carpaccio (1465-1520) mit Szenen aus dem Leben der Heiligen Georg, Hieronymus und Augustinus. Carpaccios Gemälde sind wie kleine Bilderzählungen mit dramatischen Sequenzen angelegt. Man muss die dargestellten Ausschnitte aus den Biografien der abgebildeten Heiligen genau kennen, sonst erschließen sie sich nicht. Und man sollte die vielen verspielten Details der Bilder (Tiere, Pflanzen, Gewänder, Bauten) wenn möglich mit Hilfe eines kleinen Fernglases studieren – so etwas ist die reine Augenfreude.

Am späteren Nachmittag könnte man dann aber auch die moderne und gegenwärtige Kunst in einer Galerie (*La Galleria, Calle Calegheri, 2556*) erleben, die von der sonst in Mainz lebenden Galeristin Dorothea van der Koelen geleitet und hervorragend betreut wird. Die schönen Räumlichkeiten liegen genau dort, wo Luchino Visconti früher eine Szene seines *Tod in Venedig* gedreht hat. Es handelt sich um die Sequenz, in der Gustav Aschenbach dem schönen Tadzio, seinen Geschwistern und dem Aufsicht führenden Kindermädchen durch die Stadt nachschleicht, immerzu geht es ein paar Brücken hinauf und hinab, und dann bleibt Tadzio auf einer der Brücken stehen und schaut sich um, weil er seinen Verfolger bemerkt hat.

Du klingelst an der schmiedeeisernen Pforte, die stets gut gelaunte Galeristin kommt zu Dir hinaus und öffnet Dir, dann steht ihr in dem schönen *Cortile* mit dem Oleanderbaum in der Mitte, wo sich bei den Vernissagen das Publikum im Freien versammelt. Zur Rechten geht es in die Wohnung, zur Linken aber in einen Vorraum mit schweren

Holzdecken, dann noch einige Stufen, und ihr steht im großen Ausstellungsraum, an den sich ein Büro und ein kleiner Bibliotheksraum anschließen.

Wir nehmen im Büro Platz, wir trinken ein Glas Prosecco, und die bestens informierte Galeristin erläutert, was gerade so los ist in den gegenwärtigen Kunstszenen der Stadt. Dann schauen wir uns die ausgestellten Werke an, sie werden wortreich und elegant erklärt und spielen oft in irgendeiner Weise auf Details des venezianischen Kunstkosmos an.

Draußen flanieren Touristen vorbei und schauen manchmal neugierig durch die Fenster hinein. Wenn man sie öffnet, bekommt man manchmal etwas vom Theaterleben nebenan mit, denn aus dem gewaltig erscheinenden, nach dem großen Brand von 1996 erst jetzt wieder renovierten Bau des *Teatro La Fenice* klingt gedämpft Probenmusik herüber. Du erinnerst Dich an den Abend der Wiedereröffnung, es war der Abend des 14. Dezember 2003, das gesamte Gelände um das Teatro war abgesperrt, an allen Brücken wurden die Ehrengäste kontrolliert.

Ein Besuch dieses wiederaufgebauten, festlichen Logentheaters lohnt heute mehr denn je. An den Vormittagen kann man zu bestimmten Besuchszeiten in Ruhe durch alle Stockwerke gehen und genau verfolgen, wie die Modernisierung der Räume aus diesem alten und weltbekannten Theater einen strahlenden Bau gemacht hat. Durch das helle Foyer betritt man den großen Theatersaal mit seinen glänzenden Logenbrüstungen, neben den Goldtönen erscheint eine blaugrüne Farblichkeit, als hätten die Farben der nahen Kanäle selbst hier noch einen fernen Schimmer hinterlassen. Eine neue Klimaanlage hat das Theater erhalten, so dass sich jetzt unter jedem Sitz im Parterre eine Lüftungsöffnung befindet. Unter dem Parkett wurden die Garderoben der Musiker untergebracht, auch der Orchestergraben wurde erheblich erweitert, all diese Modernisierungsmomente fallen einem aber auf den ersten Blick gar nicht auf, so geschickt sind die Restaurateure vorgegangen.

In den oberen Stockwerken befinden sich dann noch die ebenfalls renovierten festlichen Säle, in denen sich die venezianische Gesellschaft in den Oper- und Konzertpausen versammelte oder sich auch einfach nur zum Kartenspiel oder zu anderen geselligen Unterhaltungen traf. Heute findet man hier eine große Bar und mehrere Proben- und Konzertsäle, an den Abenden entfalten diese Säle bei großem Besuch erst ihren ganzen Reiz, wie überhaupt ein Besuch des *La Fenice* einem noch viel von den Atmosphären des späten 18. Jahrhunderts vermittelt, in dem das Theater erbaut und (am 16. Mai 1792) eröffnet wurde.

Als Opernhaus ist es eines der berühmtesten ganz Italiens, Opern von Rossini, Bellini, Donizetti oder Verdi wurden hier zum ersten Mal aufgeführt, Maria Callas und Joan Sutherland debütierten hier, und noch heute hat man den Eindruck, dass große italienische Oper vor allem an diesem Ort inszeniert und gehört werden sollte. So erinnert das *La Fenice* daran, dass Venedig nicht nur die Stadt der Künste und der Literatur, sondern eben auch eine Stadt der Musik war und ist.

Besonders eng war Richard Wagner mit dem *La Fenice* verbunden. Das letzte halbe Jahr seines Lebens verbrachte er bekanntlich in Venedig und besuchte das Teatro häufig. Gemeinsam mit Franz Liszt gab er noch am 25. Dezember 1882 dort ein Konzert. Seine Frau Cosima hatte am Tag zuvor Geburtstag gehabt, ihr zu Ehren dirigierte er eine Jugendsymphonie. Wagner starb am 13. Februar 1883 im Palazzo Vendramin. Wenige Monate später fand im *La Fenice* die italienische Erstaufführung seines *Ring des Nibelungen* statt.

Die Oper *Tristan und Isolde* war bei den Venezianern besonders beliebt. Noch heute erzählt man, dass Scharen von Zuhörern aus dem Opernhaus getragen wurden, weil sie angeblich den emotionalen Gewalten des Stückes nicht gewachsen waren. In Wahrheit aber dauerte diese Oper einfach zu lang, und die meisten, die man ins Freie befördert hatte, konnten die stickige Atmosphäre im Innern des großen Baus nicht mehr ertragen.

Draußen, in der Umgebung der Galerie, beginnt es zu dämmern. Manchmal klingelt es, ein Kunstbegeisterter kommt herein und wird, wenn er will, durch die Räume geführt. *La Galleria*, denkst Du, ist eine typisch venezianische Erfindung, man glaubt sich versetzt in den Traum einer Frau, der es wahrhaftig gelungen ist, sich die venezianischen Verhältnisse auf symbiotische Weise anzuverwandeln.

Am frühen Abend verabschiedest Du Dich, von *La Galleria* ist es nicht weit zu *Harry's Bar*, dort, weißt Du, spielen andere Geschichten, aber auch sie haben mit einer großen Verführung zu tun.

Träumereien in Harry's Bar

Du hast Glück, in *Harry's Bar* ist noch einer der begehrten Ecktische frei, kaum etwas hat sich hier seit Anfang der dreißiger Jahre verändert, als Giuseppe Cipriani, damals noch Barkeeper des Hotels *Europa-Britannia*, beschloss, sich selbständig zu machen und eine eigene Bar zu eröffnen. Ein kleiner Lagerraum einer ehemaligen Seilerei am *Canal Grande*, nicht größer als fünf mal neun Meter, aber in unmittelbarer Nähe zu *San Marco* und zu einigen der schönsten Grandhotels gelegen, stand damals zufällig frei. Er gefiel Cipriani auch deshalb, weil er abseits der stark frequentierten touristischen Pfade lag und die üblichen Passantenscharen daher an ihm nicht vorbeikamen. Wer zu ihm wollte, musste zuerst die kleine Sackgasse (*Calle Vallaresso, 1323*) finden und dann bis an ihr Ende gehen, nicht einmal das kleinste Hinweisschild wies ihm den Weg, noch heute ist der Name der Bar lediglich in die Milchglasscheiben ihrer Fenster eingeätzt.

Harry's Bar ist aber nicht nur der Name einer Bar, sondern zugleich auch eine Philosophie. Als Name einer Bar geht er auf den Amerikaner Harry Pickering zurück, der Anfang der dreißiger Jahre mit seiner alten Tante, ihrem Liebhaber und einem Hund nach Venedig kam und als Dauergast der Hotelbar des *Europa-Britannia* die Bekanntschaft Giuseppe Ciprianis machte. Cipriani half Pickering damals aus einer Geldnot, und der revanchierte sich später mit einer so großzügigen Spende, dass Cipriani den Traum der Neugründung einer eigenen Bar unverhofft verwirklichen konnte.

Als Philosophie aber ist *Harry's Bar* ein ästhetisches Ensemble, einerseits Bar, andererseits Restaurant, ein kulina-

rischer Hoteltrakt ohne Hotel. Schon zu den Gründungs-
zeiten schätzten die vielen wohlhabenden, vor allem aus
dem Ausland kommenden Gäste genau diese Besonderheit.
Sie mussten kein Hotel betreten und keine Eingangshalle
durchqueren, gleichwohl konnten sie die Bar bereits am
späten Morgen frequentieren, um am Mittag ins Restaurant,
am Nachmittag zurück in die Bar und am Abend wieder
ins Restaurant zu wechseln. So wurde *Harry's* zu einem
Tempel der Venedig-Abtaucher, in den man sich, ohne weiter
von der Außenwelt Notiz zu nehmen, zurückzog, weil man
sich in ihm zu Hause fühlte und mit allem versorgt wurde,
was man brauchte.

Die Geborgenheit, die *Harry's* trotz aller Unkenrufe und
seiner hohen Preise auch heute noch vermittelt, entsteht
darüber hinaus durch seine strenge Ästhetik, denn Eleganz
und Einfachheit finden hier nach dem Willen seines Grün-
ders wirklich zusammen und kreieren einen unverwechsel-
baren Stil. Diesem Stil begegnet man in der schlichten, aber
zweckmäßigen Einrichtung, den einfachen, bequemen Mö-
beln, den nicht zu großen und in ihrem Umfang den jeweiligen Speisen angepassten Tellern oder dem kleinen Dessert-
besteck, das hier an die Stelle des sonst üblichen schweren
und unhandlichen Essbestecks trat. Hinzu kamen wenige,
schon bald aber klassisch gewordene Drinks und Speisen,
eine Küche also, die sich schon früh mit »Urrezepten« der
venezianischen Kochtraditionen begnügte und daher nie in
Konkurrenz trat zu den rasch wechselnden, internationa-
len Moden der Kochkunst.

Gerade weil *Harry's Bar* sich in allen diesen Punkten
kaum verändert hat, ist es noch immer so beliebt, jahr-
zehntelang wurden in ihm dieselben Getränke und Speisen
in demselben Interieur serviert, es ist, als stünde hier die
Zeit still und als kämen die Gäste immer wieder, um genau

diese Zeitlosigkeit zu genießen und auch sich selbst wieder Zeit zu nehmen. Das alte Holz der Wandverkleidungen beruhigt, manchmal glaubt man beinahe, in einer Schiffskajüte auf weitem Meer zu sitzen, dieser Eindruck wird durch die Milchglasscheiben und das gedämpfte Wellenklatschen, das von außen manchmal hereindringt, noch erheblich verstärkt.

Jetzt, am frühen Abend, ist die Stunde der Drinks und der Einstimmung aufs Abendessen gekommen, viele, vor allem jüngere Gäste bestellen nun den berühmten *Bellini*, den man hier selbst herstellt und der daher nicht zu verwechseln ist mit dem künstlichen Fertigprodukt aus den in jedem Geschäft erhältlichen Flaschen. Der *Bellini* belebt, er wird nicht in Schalen, sondern in schlichten hohen Gläsern serviert und ist ein leichter und spritziger Abendauftakt. Ernest Hemingway, dem berühmtesten Dauergast, war er zu süß, Hemingway pflegte den Abend mit einem trockenen Drink zu eröffnen, den er nach dem englischen General Montgomery benannt hatte, 15 Teile Gin kommen dabei auf 1 Teil trockenen Wermut.

Auch Du bestellst jetzt einen *Montgomery*, manchmal vermutest Du, dass Du *Harry's Bar* vor allem der Träume wegen betrittst, die sich nach dem ersten Schluck dieses Getränks regelmäßig einstellen, diese Träume haben mit Hemingway zu tun, und sie führen Dich weit zurück ans Ende der vierziger Jahre.

Damals nämlich, als er über ein Jahrzehnt keinen Roman mehr veröffentlicht hatte, war er mit seiner vierten Frau, Mary, um sich zu regenerieren und auf neue Ideen zu kommen, nach Venedig gereist. Während eines winterlichen Jagdausflugs lernte er die erst neunzehnjährige Adriana

Ivancich kennen. Adriana hatte lange schwarze Haare und war, nach den Fotos zu urteilen, die es von den Zusammenkünften der beiden gibt, eine hinreißende Venezianerin, ihr Vater hatte sogar Bürgermeister von Venedig werden wollen, war jedoch von politischen Gegnern ermordet worden. Als übernähme er jetzt die Vaterrolle, sprach Hemingway von Adriana als von seiner »Tochter«, mit der Zeit konnte er nicht verbergen, dass er sich in sie verliebt hatte, die unmögliche Liebe muss so heftig gewesen sein, dass seine Frau immer wieder eingreifen und ihn vor Schlimmerem bewahren musste.

Über den Fluß und in die Wälder ist der Roman, der damals entstand und in dem Hemingway versuchte, seine Verbindung mit Adriana Ivancich glücklich zu schreiben. Im Roman heißt sie Renata, ist neunzehn Jahre alt und dem etwas über fünfzigjährigen amerikanischen Oberst Richard Cantwell in tiefer Liebe verbunden. Nirgends stört eine Ehefrau, nirgends gibt es einen ermordeten Vater, Renata und Cantwell lieben sich ohne alle Trübungen, ihre Liebe ist so sehr als ein andauernder Gleichklang beschrieben, dass sich die ausführlichen Liebesdialoge, die sich durch das ganze Buch ziehen, beinahe bis zur Blödigkeit wiederholen.

So ist der Roman vollkommen statisch, ohne jede eigentliche Aktion oder Entwicklung, das Paar besucht *Harry's Bar*, speist im Hotel *Gritti*, setzt sich in eine Gondel, streift durch Venedig, und überall stehen Cantwells alte Freunde herum, Freunde aus Kriegszeiten oder den Zeiten davor, jetzt aber Barbesitzer, Barkeeper oder Kellner, freundliche und meist gut aufgelegte Männer, die den richtigen Drink einschenken, den Champagner in den richtigen Abständen vor dem Genuss rütteln und für das Paar einen frischen und daher noch lebendigen Hummer erstehen, der dann an einem versteckten Ort serviert wird.

Über den Fluß und in die Wälder wurde dadurch zu einem sehr sonderbaren, eigenwilligen Roman, es ist aber der Roman eines Mannes, der sich nach der Stille sehnte, nach purem Dasein, nach nichts anderem als einem ihn erneuernden Leben in einer Stadt, die mit so viel Genauigkeit und Liebe beschrieben wird wie in keinem anderen der vielen Venedig-Romane.

Ach, denkst Du jetzt, nach dem ersten Schluck Deines *Montgomery*, wie sehr hast Du diesen Roman doch trotz der langen, penetranten Kriegserzählungen des Oberst und trotz seiner anderen vielen Merkwürdigkeiten schon als junger Leser geliebt! Als Fünfzehnjähriger hast Du ihn in einer Taschenbuchausgabe während einer Türkei-Reise gekauft und seither unzählige Male in dieser alten, längst vergilbten Ausgabe von *Rowohlts-Rotations-Romanen* gelesen, vielleicht bist Du Anfang der siebziger Jahre nur nach Venedig gefahren, um diesem Roman nahe zu sein …

Hier, in *Harry's Bar*, treffen sich Renata und der Oberst, sie betritt den Raum, *strahlend in ihrer Jugend und weitausschreitenden Schönheit*, wie es in der Übersetzung von Annemaria Horschitz-Horst heißt, der Oberst begrüßt sie (*Guten Abend, meine Wunderschöne …*), sie antwortet, dass es ihr leidtue, sich verspätet zu haben, und dann bestellt er zwei *Montgomerys*, fünfzehn zu eins, und eine ihrer endlosen Unterhaltungen beginnt.

Du bestellst jetzt Deinen zweiten *Montgomery*, erinnere Dich, Anfang der siebziger Jahre hast Du herauszufinden versucht, wo Hemingway und seine Frau gewohnt hatten, sie hatten, wie Du dann in Erfahrung gebracht hattest, draußen in der Lagune, in der *Locanda Cipriani* des alten

Torcello, gewohnt, Giuseppe Cipriani hatte sie in den dreißiger Jahren zu *Harry's Bar* hinzugekauft und damals den
ganzen Winter über nur für Hemingway und seine Frau
offen gehalten.

Und so bist Du damals zu den *Fondamenta nuove* gegangen und hast mit klopfendem Herzen das Schiff nach
Torcello bestiegen. Du nahmst auf dem Oberdeck Platz, und
dann legte es ab, und Du sahst das leichte Flimmern der
Sonnenstrahlen auf dem bewegten Wasser, tanzende Sonnenflecken, die in den auf und ab hüpfenden Wellen erstar-
ben oder in den Wellentälern gebrochen wurden. Langsam
durchquerte das Schiff die nördliche Lagune, vorbei an den
Backsteinbauten Muranos fuhr es auf Burano zu, Du erkanntest kleine Inseln mit längst zusammengestürzten Häusern und weite Salzwiesen, die Silhouette Venedigs zersetzte
sich allmählich im Dunst und wurde zu einer dunklen, ge-
zackten Horizontlinie.

Durch das langsame Tempo der Fahrt rahmte das Auge
in wenigen Minuten laufend neue, aber miteinander verbun-
dene Bilder, Bilder der Fahrrinnen, der sich aus dem Blick
schiebenden, die plane Wasserfläche strukturierenden Pfos-
ten und *Bricole*, Bilder der Inseln mit ihren aufgetanen Rui-
nen, die den Blick für einen Moment zu sich heranzogen,
dann aber gleich wieder fortschwammen, Bilder der flachen
Sandbänke und der schmalen, sich durch sie hindurch-
windenden Kanäle …, es war wie eine Entrückung in die
Naturstille, schließlich legte das Schiff in *Torcello* an, und
Du gingst einen schmalen gepflasterten Wegstreifen an einem Kanal entlang, nur wenige Häuser säumten ihn, dann
tauchte zur Rechten das gelbgrüne Gebäude der *Locanda
Cipriani* mit ihrer Anlegestelle auf, davor das erstickte, nicht
mehr bewegte, nur noch Wolken und Himmel auffangen-
de Moosgrün des kleinen Kanals.

Du erfuhrst, dass *Torcello* noch älter ist als Venedig, hierher, in die Lagune, flüchteten in den Zeiten der Völkerwanderung die Siedler der nahe gelegenen Küstengebiete vor den kriegerischen Scharen aus dem Norden, hier legten sie einen großen Hafen an und bauten eine Stadt, von der nur noch die beiden alten Kirchen, *Santa Fosca* und *Santa Maria Assunta*, ein Glockenturm sowie einige spärliche Ausgrabungen erhalten geblieben sind.

Du betratst zunächst *Santa Fosca* und dann auch *Santa Maria Assunta*, diesen Urraum der Andacht mit seinem leuchtenden, aus winzigen Steinen und geometrischen Mustern gebildeten Fußboden, von dem sich das Grau der Säulen im Mittelschiff abhebt, die den Blick langsam hinaufziehen zum Braunschwarz der quer verlaufenden, stabilisierenden Holzbalken und weiter zum Weiß-Gold der Apsis mit der einsamen, großen Gestalt der Lagunenmadonna.

Du sahst ihr schmales, junges, ernstes Gesicht, dessen Blick den Betrachter fixiert, sie trug keinen anderen Schmuck als ihr Gewand, auf dem Arm hielt sie den kleinen, eine Schriftrolle haltenden, segnenden Christus, während sich unter ihr die Apostel befanden, eine strenge Mannschaft älterer, bärtiger Männer auf einem grünen Bodenstreifen mit Klatschmohn, ihre nackten Füße steckten in feinen, dünnen Sandalen, bald würden sie ausschwärmen und in die Welt ziehen, so voller Tatendrang und Kraft präsentierten sie sich.

In manchen Zeiten ist es möglich, den Glockenturm zu besteigen, von dort oben ergeben sich die schönsten, filigransten Landschaftsbilder der gesamten Lagune. Du erkennst struppige Wiesen mit pelzartigen, gewölbten Dammrändern entlang der verschlammten, in einem saucigen Ocker erstarrten Kanäle, über die hier und da ein wackliger Holzsteg führt, das Sonnenlicht vibriert auf den Wasserrinnen, die sich durch das tiefe Dunkelbraun der Äcker graben oder sich durch die violett schimmernden Salzwiesen schlängeln, blaue Fischerboote schmiegen sich die Ufer entlang, ihr Heckwasser zieht breite Fächer durch die sich in die Ferne weitenden Fahrrinnen, und große Landgüter mit langen Zypressenalleen und hohen Hecken, in die Du, wenn es möglich wäre, sofort einziehen und in denen du wohnen würdest bis zu Deinem Tod, strecken sich in die vor sich hin brütende, schimmernde Weite. Stundenlang hast Du manchmal allein dort oben gestanden und fassungslos diese Traumbilder studiert, Du hattest das Gefühl, als weiteten sie Dein Herz und stimmten es wieder ein auf den Ruhetakt der ersten Tage der Schöpfung ...

Dann aber war es so weit, Du blicktest noch einmal herab auf das langgestreckte, taubengraue Dach der Basilika *Santa Maria Assunta* und stiegst dann hinab, ein schmaler Weg führte zurück zur *Locanda Cipriani*, Du tratst ein, auf der offenen Herdstelle des Eingangsraums lag ein einziges, glimmendes Holzscheit, als wäre diese *Locanda* ein privates Landhaus oder eine große Jagdhütte ähnlich den Jagdhütten, die Pietro Longhi auf seinen Lagunenbildern gemalt hat. Dazu passten die einfachen Holztische und Stühle und die schweren Balken der Decke, eine Uhr tickte, Du erkanntest die alten Schwarz-Weiß-Fotografien an den Wänden, und als Du näher herangingst, sahst Du ihn genau: Hemingway, Ernest, im Winter 1948, zusammen mit Giuseppe Cipriani nach einem langen Trinkgelage an einem mit leeren Flaschen und Gläsern gefüllten Tisch ...

Damals, Anfang der siebziger Jahre, hast Du in diesem Eingangsraum der *Locanda* eine Weile gesessen, einen *Daiquiri* getrunken und Dir vorgestellt, dass Hemingway hier gefrühstückt und gegessen haben mochte, und Du wusstest genau, dass Du Dein Leben lang immer wieder und zu den verschiedensten Jahreszeiten in diese Stille zurückkehren würdest. Erst bei Deinem vierten Besuch aber hast Du es gewagt, in der *Locanda* zu Abend zu essen, und warst später schon oft sehr versucht, in ihr dann auch die Nacht zu verbringen, aber jedes Mal sagtest Du Dir, »es ist noch nicht so weit«, und bist dann höchstens mit einem der freundlichen Kellner hinauf in den ersten Stock gegangen, um einen Blick in die schönen Zimmer zu werfen und Dir vorzustellen, wie es wäre, einige Nächte dem Geheimnis sehr nahe zu sein …

Noch immer sitzt Du träumend in *Harry's Bar*, Du hast Deinen zweiten *Montgomery* getrunken, Du möchtest das Cipriani'sche Traumreich nicht verlassen und doch nicht länger hier sitzen, längst ist es Abend, Zeit also für das letzte, schönste Menü dieses Tages, das Du zur Abwechslung drüben, auf der Insel Giudecca, einnehmen wirst.

Bellini
Pfirsichcocktail

6 frische weiße Pfirsiche
1 Flasche Prosecco (Arrigo Cipriani empfiehlt *Franciacorta Bellavista*)
Etwas Zuckersirup

Aus den weißen Pfirsichen wird frischer Pfirsichsaft gewonnen. Früher drückte man sie mit der Hand aus, jetzt dreht man sie am besten durch einen Fleischwolf und streicht das Fruchtmark anschließend durch ein Sieb. Auf keinen Fall jedoch sollte man einen Mixer verwenden, da durch den Mixer zu viel Luft in den Saft gerät. Das Püree, falls nötig, mit etwas Zuckersirup nachsüßen und im Verhältnis 1 Teil Fruchtpüree zu 3 Teilen Prosecco mischen und kühl stellen.

Der *Bellini* kann variiert werden, indem man frisches Erdbeerpüree verwendet, dann heißt das Getränk *Rossini*. Beim *Tiziano* wird statt des Pfirsichpürees Erdbeertraubensaft mit Prosecco gemischt.

Der Abend und die weiteren
»Enden der Welt«

Die *Isola della Giudecca* liegt etwas höher als das Zentrum
Venedigs, vor Jahrhunderten wurde sie ihrer frischen Luft
wegen geschätzt und war das Terrain der grünen Gärten
und luftigen kleinen Sommer-Palazzi, später zogen, weil diese Region Venedigs stets etwas billiger war, Handwerker
und kleine Betriebe hierher, gegenwärtig erlebt sie eine Wiedergeburt, überall entstehen neue Quartiere und Wohnan-
lagen, die meisten mit Blick auf die flachen Horizontstreifen
der Lidi, der letzten Barrieren Venedigs vor der Weite des
offenen Meers.

Nachmittags ist die Insel ein ideales, nicht zu überlaufenes
Spaziergängerterrain. Viele neue Trattorien sind hier in letzter Zeit entstanden. Zwei ganz gegensätzliche sollen hier
an erster Stelle (und vor allem für den frühen Abend) em-
pfohlen werden. Zum einen die *Trattoria Altanella* (*Sestiere
Giudecca, 268*). Es handelt sich um einen Familienbetrieb,
in dem der Besitzer und sein Sohn unendlich bedächtig und
konzentriert die Bestellungen aufnehmen, den Gast freundlich beraten und ihn in einer häuslichen, familiären Atmosphäre bedienen. Die Speisen sind vorzüglich, der Wein auch,
und wenn es sonnig und warm ist, könnte man auf der
schönen, überdachten Terrasse im Freien sitzen, das wäre
perfekt. Ruhig und manchmal sogar still ist es in dieser Trattoria, die Gäste flüstern sich ihre Offenbarungen zu, und
es würde einen nicht wundern, wenn ab und zu noch eine
Standuhr schlüge.

Ganz anders, nämlich laut, temperamentvoll und beinahe
ausgelassen geht es im *La Palanca* (*Sestiere Giudecca, 448*)

zu. Die Bedienungen überbieten sich hier in schwungvoller Anpreisung der Speisen, immer ist jemand zur Stelle, der Wein oder Wasser nachschenkt, hier findet man die klassische Goldoni-Atmosphäre, von den wetteifernden Rufen der Köchinnen aus der Küche bis zu den Eilmeldungen der Kellner, die von draußen durch die Fenster gerufen werden. Das *La Palanca* ist allein schon wegen dieses Schauspiels sehr beliebt, das Essen gehört in das mittlere Genre. Sitzt man aber am frühen Abend draußen und schaut hinüber zu den *Zattere* (die dann im goldenen Licht daliegen), genügen einem einige typische venezianische Kleinigkeiten zu einem guten Glas Wein ...

Vor einiger Zeit bist Du auf der *Giudecca* einmal in die Nähe des großen Bootshafens geraten, wo sich die Werkstätten für die kleinen Schnellboote befinden, im Obergeschoss eines langen Fabrikgebäudes entdecktest Du damals das *Ristorante Al Storico de Crea* (*Sestiere Giudecca 212 / A*), Du stiegst die eiserne Außentreppe zu ihm hinauf und standst dann auf einer kleinen Terrasse, von hier aus erstreckte sich der Panoramablick über die ganze Zone der *Lidi*.

Ein Kellner kam damals zu Dir nach draußen und deutete auf die kleinen Fischerdörfer direkt am Meer, er erklärte Dir, dass viele noch älter als Venedig seien, und raunte die alten Namen: Malamocco, Alberoni, Pellestrina ..., die müssen Sie sich anschauen, sagte er, am besten, Sie mieten ein Fahrrad und fahren die *Lidi* entlang, Fähren bringen Sie von einem Landstrich zum andern ...

Am nächsten Morgen bist Du von *San Marco* aus mit einem Vaporetto gleich hinüber zum Lido gefahren und hast Dir ganz in der Nähe der dortigen Anlegestelle in einem Fahrradladen wahrhaftig ein Fahrrad gemietet. Schon nach den ersten Bewegungen spürtest Du, wie gut es nach vielen Tagen ununterbrochener Stadtgänge zu Fuß plötzlich tat, sich wieder einmal schnell zu bewegen, Du fuhrst die schnurgerade *Viale Santa Maria Elisabetta* hinunter zum Meer und dann zunächst die breite Küstenstraße entlang, an Thomas Manns *Hotel des Bains* und den anderen großen Hotelprachtbauten des 19. Jahrhunderts vorbei, um schließlich auf die andere Seite des Lido-Streifens zu wechseln.

Aus den kleinen Vorgärten der Sommerhäuser mit ihren meist geschlossenen Fensterläden hörtest Du plötzlich wieder den bekannten Singsang der Vögel, Katzen strichen an den Häuserwänden entlang, Du fuhrst an Gärtnereien, Sportplätzen, kleinen Bootshäfen, alten Festungsanlagen und dem großen Golfplatz der Venezianer vorbei, bis Du die Fährstation von Alberoni erreichtest, wo Dich eine Autofähre über die von großen Überseetankern genutzte Meeresdurchfahrt hinüber in eine noch vollkommenere Abgeschiedenheit setzte.

Santa Maria del Mare, San Pietro in Volta – das waren die Dorfnamen dieser Entrückung an die Enden der venezianischen Welt. In *San Pietro in Volta* machtest Du mittags im *Ristorante da Memo (Portosecco, 157)* Rast, und es gab einen guten Fischrisotto und frischen Fisch, Seezunge, Calamaretti und Seppioline, während sich die Fischer im Vorraum in einem so ausgeprägt venezianischen Dialekt unterhielten, dass Du einen Augenblick glaubtest, Du seist in Portugal.

Dann fuhrst Du auf einem schmalen Pfad hoch auf einem Wall weiter, links dehnte sich das unendliche Meer mit seinen fast lautlos anrollenden Wellenmustern, rechts die weite Lagune, es war wie ein triumphaler, rauschhafter Flug auf einem einsamen Höhenweg zwischen den Meeren.

Bis zum Fischerdorf Pellestrina bist Du damals gefahren (wer ausreichend Zeit hat, sollte dort unbedingt im *Ristorante da Celeste* (*Sestiere Vianelli, 625*) einkehren, in den Wintermonaten ist das Restaurant geschlossen) und am frühen Abend mit der Fähre wieder zurück, in Alberoni drängte es Dich durch eine grüne, urwaldartige Wildnis zum großen, noch leeren Strandbad am Meer, und dann bist Du mit dem Fahrrad über den nassen Sand geflogen, dicht an den auslaufenden Wellen entlang und manchmal sogar durch ihre dünnen, schon verebbenden Spitzen.

Schließlich erreichtest Du die *Murazzi*, die gesicherte Küstenzone mit ihren gewaltigen, dem Meer trotzenden Steinbrocken und Buhnen, und dann sahst Du die kleinen Robinson-Häuser der Kinder, die sie aus dem Geröll des Meeres erbaut hatten, phantastische Konstruktionen aus angetriebenem, jahrelang gebleichtem und geglättetem Holz, kleine Türme und Aussichtsplateaus, winzige Verstecke und surrealistische Schöpfungen wie auf Bildern von Dalí oder Max Ernst ...

Immer wieder hast Du seither diese Fahrt unternommen, sie bringt Dir die Topographie der venezianischen Lagunenlandschaft so nahe wie keine Bootsfahrt und kein Ausflug sonst. Beim Aufbruch scheinst Du für kurze Zeit Abschied vom Stadtraum Venedigs zu nehmen, Du durchfährst ein leichteres, beinahe unbekümmert wirkendes Gartenterrain und erreichst schließlich das Ziel der kleinen, uralten Fischerdörfer am Meer mit ihren einstöckigen Häusern, bis Du im matter werdenden Abendlicht direkt am Meer entlang zurückgaloppierst und wieder eintauchst in die lebendige Welt.

Jetzt aber ..., ja, jetzt dämmert es, und Du gehst die *Fondamenta Sant' Eufemia* auf der *Giudecca* entlang, um

vielleicht spät am Abend noch irgendwo einzukehren und etwas zu essen (*Trattoria Pizzeria Do Mori, Sestiere Giudecca, 588* oder *Ostaria Ae Botti, Sestiere Giudecca, 609*).

¶¶ Zuppa di lenticchie Linsensuppe

200 g Räucherspeck
50 g Butter
2 kleine, zarte Karotten
2 Stangen Staudensellerie
1 fein gewürfelte große Zwiebel
500 g verlesene Linsen
1 l Geflügel- oder Kalbsfond
1 Glas trockener Weißwein
Thymian
Grobblättrige Petersilie
Lorbeerblätter
Rosmarin
1 fein gehackte Knoblauchzehe
Olivenöl
Salz, frisch gemahlener dunkler Pfeffer

Den Räucherspeck in kleine Würfel schneiden. Karotten, Zwiebeln und Knoblauch schälen, Sellerie putzen und alles klein schneiden. In einem Suppentopf den gewürfelten Speck leicht anbräunen, das Fett entfernen, die Butter dazugeben. Karotten, Sellerie, Zwiebel und Knoblauch zufügen und etwa fünf Minuten dünsten, erst dann die Linsen dazustreuen und den Geflügel- oder Kalbsfond mit dem Weißwein in den Topf gießen. Thymian, Rosmarin, Lorbeerblätter und Petersilie hineingeben und auf kleiner Flamme alles so lange kochen, bis die Linsen weich sind.

Die Linsen und das Gemüse mit einem Sieblöffel herausnehmen, pürieren und wieder zurück in die Brühe geben. Etwas Olivenöl erhitzen und die Kräuter klein hacken und zusammen mit etwas Knoblauch hineinstreuen, alles andünsten und durch ein feines Sieb in die Suppe gießen. Salzen, pfeffern, heiß servieren.

¶● Risi e bisi
Reis mit Erbsen

50 g Butter
1 große weiße Zwiebel
1 Stange Staudensellerie
1 kg zarte, frische Erbsen
1 l Kalbsfond
Etwas Thymian / Rosmarin / Petersilie
250 g Rundkornreis aus Italien
½ l Geflügelfond
Olivenöl
Salz, frisch gemahlener Pfeffer

Zwiebel schälen, Sellerie putzen und beides sehr klein schneiden. Die Butter in einer Kasserolle erhitzen, Zwiebel und Sellerie darin glasig dünsten, die Erbsen hinzugeben und unterrühren. Den Kalbsfond zusammen mit Thymian, Rosmarin und Petersilie dazugießen. Etwa eine Viertelstunde auf kleiner Flamme kochen lassen. Den Reis mit Olivenöl anschwitzen, mit dem Geflügelfond aufgießen und alles einkochen lassen. Den Reis zu den Erbsen geben, unterrühren und noch etwa zehn Minuten ziehen lassen. Mit Salz und Pfeffer abschmecken.

Ossobuco
Kalbshaxe

1 Kalbshaxe, in etwa 5 cm dicke Scheiben geschnitten
Olivenöl
Etwas Mehl
2 Stangen Staudensellerie
2 kleine Karotten, fein geschnitten
1 große weiße Zwiebel, fein geschnitten
250 g dunkle Champignons, sehr fein gehackt
1 Glas trockener Weißwein
1 l heißer Geflügelfond
Salz, frisch gemahlener Pfeffer

Das Fleisch salzen und pfeffern und mit wenig Mehl bestäuben. In einem großen Schmortopf das Olivenöl erhitzen und das Fleisch von beiden Seiten darin anbraten, dann wieder herausnehmen. Sellerie und Pilze putzen, Karotten und Zwiebel schälen. Alles klein schneiden und in dem Öl andünsten, den Wein dazugießen und weitergaren. Die Brühe hinzufügen und die Fleischscheiben hineinlegen, alles etwa zwei Stunden bei kleiner Flamme schmoren lassen. (Meist werden auch Tomaten verwendet und mit eingekocht, ich finde jedoch, dass sie den Endgeschmack zu sehr bestimmen. Besser als Tomaten ist die Hinzufügung einer eigens angerichteten, den Gesamtgeschmack intensivierenden Sauce.)

Für die Sauce:

Zwei Teelöffel sehr fein abgeriebene unbehandelte Zitronenschale
1 sehr fein gehackte Knoblauchzehe
Fein geschnittenes Basilikum
1 Zweig Rosmarin

1 kleines Glas Marsala
50 g Butter

Knoblauch schälen, Kräuter waschen und alles sehr klein schneiden. Die Butter zerlassen und alle Zutaten nacheinander hineingeben. Bei schwacher Hitze einkochen lassen. Das Fleisch am Ende der Kochzeit damit bestreichen und noch einmal fünf Minuten ziehen lassen.

Sorbetto di fragole
Erdbeersorbet

500 ml Erdbeerpüree aus besten, reifen Früchten
Etwas Zuckersirup (Zucker und Wasser erhitzen und kochen, bis sich der Zucker auflöst, dann kühl stellen)
Saft von 2 Zitronen
1 Schuss Wodka

Das Erdbeerpüree durch ein Sieb streichen, mit dem kalten Zuckersirup und dem durchgeseihten Zitronensaft verrühren, im Tiefkühlfach gefrieren lassen. Das Sorbet in kleinen Schalen servieren und mit einem winzigen Schuss Wodka übergießen.

Die Schönheit der Nacht

Kurz nach Mitternacht besteigst Du an der *Giudecca*-Station *Santa Eufemia* einen Vaporetto und fährst zurück nach *San Marco*. Die *Zattere* sind nur noch ein dunkles, im Fahrtwind flatterndes Band, und das Wasser erscheint jetzt ebenfalls tintenschwarz und bewegt, als kreise und rumorte es in der Tiefe, wohin die schönen Paläste und Kirchen abgetaucht sind.

Du steigst aus und erreichst bald den Markusplatz, er breitet sich wie leer gefegt vor Dir aus, nur hier und da stehen noch einige nächtliche Schwärmer, die nicht zu glauben scheinen, dass er nun für einige Stunden so verlassen und still daliegen wird. Du lässt sie zurück, Du gehst allem Gemurmel und Reden jetzt aus dem Weg, Du machst Dich auf den Weg durch die venezianische Nacht.

Jahrhundertelang ist Venedig dafür berühmt gewesen, dass die Nächte hier nicht enden wollten, erstaunt und begeistert berichteten noch die Fremden des 18. Jahrhunderts von den vielen Theatern mit ihren Aufführungen spätnachts, von den zweihundert Cafés, die niemals geschlossen waren, oder von den unzähligen *Casini*, in denen sich die Damen und Herren des hohen Adels erst weit nach Mitternacht trafen, um gemeinsam die Nacht zu verbringen.

Insgesamt sechs Monate dauerte damals allein schon der Karneval, der auch in den kühleren Jahreszeiten die Spaziergänger nach draußen lockte, alle Lokale waren geöffnet, die Stadt war ein einziges Meer von glimmenden, bunten Laternen, durchbraust von den Scharen, die von Campo zu Campo forteilten und überall unterhalten wurden von Liedern, Gesängen, Kunststücken und Schauspielen. So kam früher das venezianische Lebensgefühl in der Nacht ganz zu sich selbst, man feierte und unterhielt sich, man streunte durch die Gassen der Stadt und verstand sie als Bühnenkulissen für die eigenen Auftritte.

Das ist längst vorbei, jetzt versinkt Venedig, als wollte man nun das andere Extrem übertreiben, viel früher als andere Städte im Dunkel. Die Nacht hat nichts Festliches mehr, eher hat sie nun etwas Spukhaftes, ein paar Spaziergänger begegnen Dir noch, huschen aber sofort ums nächste Eck, einige schwache Stimmen säuseln im Hintergrund, verebben aber bald, niemand verweilt noch lange draußen, nächtliche Unterhaltungen sind nicht beliebt, es ist, als ginge es nur noch darum, der dämonisch wirkenden nächtlichen Stille möglichst schnell zu entkommen.

Dir aber gefällt dieses nächtliche Gehen und Streunen, denn erst jetzt hast Du die Stadt ganz für Dich. Niemand steht Dir noch im Weg, niemand lenkt Dich ab, die tiefe Nacht ist die Zeit einer einsamen Führung, Venedig führt Dich jetzt selbst, es öffnet seine weiten *Campi* und lässt Dich Platz nehmen auf den Stufen seiner Zisternen, es dreht den großen nächtlichen Sternenhimmel über Dir wie zu einem sehr späten vollkommenen Panorama, es lockt Dich mit seinen letzten, süßen Aromen und lässt seine Farben verschwimmen hinter dem immer mehr vorherrschenden Blassgrau der Fassaden.

Die Gondeln und Boote erscheinen jetzt wie erstarrt, das Wasser wirkt flach und gesättigt, Du schleichst über die Brücken und kommst schnell voran, es schlägt drei oder vier, Du horchst, nichts, keine Stimmen mehr, nicht das geringste Geräusch ... – und dann ist die pure Schönheit der Nacht plötzlich da, alles ruht in sich selbst, die Häuser und Kanäle rücken zusammen und gruppieren sich in der

Stille zu sonst niemals gesehenen, einzigartigen Bildern aus Schwarz-Weiß und goldenem Braun, die Venedig so zeigen, wie es sich selbst in Jahrhunderten zeugenlos, in all seiner Einsamkeit, sah.

Am Ende Deines Gangs kommst Du noch einmal nach *San Marco* zurück. Die Basilika hat sich auf orientalischen Teppichen schlafen gelegt, der *Campanile* starrt zu den Sterngeistern hinauf, nur der große Platz mit der kleineren *Piazzetta* am Arm atmet noch schwach und flüstert verschworen ... – und so nimmst Du seine Einladung an und bittest um den Abschiedstanz dieses langen Tages, langsam drehst Du Dich in der Leere des offenen, von stillen Feuern gekrönten Tanzsaals, die Arkaden zu allen Seiten rücken zusammen und bilden ein dichtes Spalier, dann tanzt Du und drehst Dich auf und davon, eine fremde Musik rauscht, und Du hältst jetzt die Schöne im Arm, die Schöne Deiner ersten venezianischen Nacht vor über dreißig Jahren im Frühling des Jahres 1971, jetzt erkennst Du auch die Musik, es ist der *Sacre du Printemps* von Igor Strawinsky, es ist die Nacht des Tages, an dem man Igor Strawinsky in Venedig begrub ...

Das Bücher-Menü

Dieses Bücher-Menü bietet weiterführende oder ergänzende Literatur zu den Themen und Motiven der einzelnen Kapitel. Die Titel werden in genau jener Reihenfolge aufgeführt, in der die Themen und Motive im fortlaufenden Text anklingen und erscheinen.

Die Ankunft

Lektüren: Peter Ackroyd: *Venedig. Die Biographie.* Aus dem Englischen und mit Marginalien versehen von Michael Müller. München 2011; Ernest Hemingway: *Über den Fluß und in die Wälder.* Roman. Aus dem Amerikanischen von Annemarie Horschitz-Horst. Reinbek bei Hamburg 1961; Henry James: *In Venedig.* Übersetzt von Helmut Moysich. Begleitet von Hanns-Josef Ortheil. Mainz 2016; Wolfgang Koeppen: *Ich bin gern in Venedig warum.* Frankfurt/M. 1996; *Das Licht von San Marco. Ein Venedig-Lesebuch.* Hg. von Franz Loquai, München 2002; Klaus Bergdolt: *Deutsche in Venedig. Von den Kaisern des Mittelalters bis zu Thomas Mann.* Darmstadt 2011; Demetres P. Tryphonopoulos: *The Ezra Pound encyclopedia.* Westport 2005; Giovanni di Stefano: *L'isola della memoria. Il Cimitero di San Michele.* Venezia 2005

Die Wege des frühen Morgens

Lektüren: Petra Wichmann: *Die Campi Venedigs.* München 1987; Gaspare Gozzi: *La Gazzetta Veneta.* Firenze 1957; Tiziano Scarpa: *Venedig ist ein Fisch.* Aus dem Italienischen von Olaf Matthias Roth. Berlin 2002; Eva Demski: *Venedig. Salon der Welt.* Frankfurt/M. 2006; Dirk Schümer: *Leben in Venedig.* München 2003; Filippo Pedrocco u.a.: *Giandomenico Tiepolo nella chiesa di San Polo.* Venezia 2004

Die Kostproben des späten Vormittags

Lektüren: Giovanna Nepi Scirè: *Il Quaderno di Canaletto.* Venezia 1997; Pino Agostini: *Zu Gast in Venedig. Die Kultur der venezianischen Küche.* Deutsch von Susanne Vogel. München 1991; Manuela Zardo: *Bàcari in Venezia. Vom Essen und Trinken in Venedig.* München 2011; Michela Scibilia: *Venezia. Osterie & Dintorni.* Treviso 2003; Russell Norman: *Die venezianische Küche.* Aus dem Englischen von Helmut Ertl. München 2013

Im »Do Mori«, kurz vor Mittag

Lektüren: Petra Stammen: *Pietro Longhi und die Tradition der italienischen Genremalerei.* Frankfurt/M. u. a. 1993; Ulrich Tukur: *Streifzüge durch Venedig.* (Audio-CD) Hamburg 2004; *Venedig. Venetien. Eine Weinlesereise.* (Audio-CD) Hamburg 2002; Elisabeth Hoffmann / Karl L. Heinrich: *Auf den Spuren von Commissario Brunetti. Ein kleines Kompendium für Spurensucher.* Lindhöft 2010

Die Altäre des Meeres

Lektüren: Gianni Moriani (Hg.): *Il Veneto di Hemingway.* Treviso 2011; Sergio Perosa: *Hemingway e Venezia.* Firenze 1988; Gianfranco Vianello: *Racconti di un pescatore.* Venezia 1993; Piero Bevilacqua: *Venedig und das Wasser.* Aus dem Italienischen von Petra Kaiser. Frankfurt/M. u. a. 1998

Die geheimen Terrains von Venedig

Lektüren: Jean-Paul Sartre: *Der Eingeschlossene von Venedig.* In: *Porträts und Perspektiven.* Reinbek 1968; Mariagrazia Dammico: *Die geheimen Gärten von Venedig.* München 2006; Mariapia Cunico: *Il giardino veneziano.* Venezia 1989; Doris Maurer und Arnold E. Maurer: *Venedig. Der literarische Führer.* Frankfurt/M. und Leipzig 1993; Gaston Salvatore: *Einladung zum Untergang. Venezianische*

Hintertreppen. Wien 2003; Lillian Ray Martin: *The art and archaeology of Venetian ships and boats.* College Station 2001; Lina Paduan Urban: *Il Bucintoro.* Venezia 1988

In *Dorsoduro* zu Haus (I)

Lektüren: Alessandra De Respinis: *Cicchettario.* Venezia 2015 (deutsche Übersetzung: Mainz 2017); Birgit Haustedt: *Mit Rilke durch Venedig. Literarische Spaziergänge.* Frankfurt/M. und Leipzig 2006; Wolfgang Kemp: *John Ruskin. Leben und Werk.* München 1983; Lisa St Aubin de Terán: *Venedig. Die vier Jahreszeiten.* Aus dem Englischen von Ebba D. Drolshagen. Frankfurt/M. und Leipzig 1996

In *Dorsoduro* zu Haus (II)

Lektüren: Irmgard Fees: *Eine Stadt lernt schreiben. Venedig vom 10. bis zum 12. Jahrhundert.* Tübingen 2002; Anselm Fremmer: *Venezianische Buchkultur. Bücher, Buchhändler und Leser in der Frührenaissance.* Köln 2001; Beatrix Schäffer: *Das venezianische Druck- und Verlagswesen im Zeitalter der Aufklärung.* Frankfurt/M. 1998; Giovanni Antonio Cibotto: *Proverbi del Veneto.* Firenze 2000

Venezianischer Mittag

Lektüren: Philippe Monnier: *Venedig im achtzehnten Jahrhundert.* Übertragen von R. Engel. München 1928; Luigi Cornaro: *Vom maßvollen Leben oder Die Kunst, alt zu werden.* Hg. und eingeleitet von Klaus Bergdolt. Heidelberg 1997; Philippe Sollers: *Dictionnaire amoureux de Venise.* Paris 2004

Im mollusken Körper der Stadt

Lektüren: Jean-Paul Sartre: *Königin Albemarle oder Der letzte Tourist.* Deutsch von Uli Aumüller. Reinbek bei Hamburg 1994; Riccardo

Pergolis: *Le barche di Venezia.* Venezia 1981; Monica Scholz-Zappa / Stefan Pfänder: *Warum Venedigs Gondeln geradeaus fahren.* Berlin 2008; Lindsay Stainton: *William Turner in Venedig.* Aus dem Englischen von Heidi E. Conrad. München 1985

Die Süßspeisen des frühen Nachmittags

Lektüren: Simone Rugiati: *Dolci.* Graz und Stuttgart 2008; Giampiero Rorato: *I dolci delle Venezie.* Crocetta del Montello 2005; C. Scudelotti: *Baicoli. Zaleti. Galani. La dolce serenissima repubblica.* Venezia 2008

Nachmittagsbesuche (I)

Lektüren: Lothar Müller: *Casanovas Venedig.* 1998; Alvise Zorzi: *Paläste in Venedig.* Aus dem Italienischen von Caroline Wagner und Steffi Röttgen. München 1989; Elena Bassi: *Palazzi di Venezia.* Venezia 1976; Vera Morelli: *»Ein freies Herz wohnt in meiner Brust«. Dichterinnen und Malerinnen, Patrizierinnen und Bürgerinnen im Venedig der Dogen.* Mühlacker u. a. 2007

Das imaginäre Museum

Lektüren: André Corboz: *Canaletto.* Zwei Bände. Milano 1985; Cornelia Friedrichs: *Francesco Guardi. Venezianische Feste und Zeremonien.* Berlin 2006; Giorgio Busetto (Hg.): *Pietro Longi, Gabriel Bella. Scene di vita veneziana.* Milano 1995

Nachmittagsbesuche (II)

Lektüren: Gabriele Köster: *Künstler und ihre Brüder. Maler, Bildhauer und Architekten in den venezianischen Scuole Grandi (bis ca. 1600).* Berlin 2008; John Ruskin: *Steine von Venedig.* Band III. Aus dem Englischen von Hedwig Jahn. Jena 1906, S. 352-389; Peter Humfrey: *Vittore Carpaccio. Catalogo completo dei dipinti.* Firenze 1991;

Anna Laura Bellina / Michele Girardi: *La Fenice 1792-1996*. Venezia 2003; Roland Würtz: *Venezia musicale. Ein praktischer Stadtführer für Musikfreunde*. Wilhelmshaven 2005; Giuseppe Sinopoli: *Parsifal in Venedig*. Aus dem Italienischen von Maja Pflug. München 2001

Träumereien in Harry's Bar

Lektüren: Gianni Moriani (Hg.): *Il Veneto di Hemingway*. Treviso 2011; Arrigo Cipriani: *Harry's Bar. Eine venezianische Legende. Stories, Drinks und Rezepte*. Aus dem Amerikanischen von Gabriel Stein. München 1997; Arrigo Cipriani: *Harry's Bar Kochbuch. Die schönsten Rezepte aus dem legendären Restaurant in Venedig*. München 1993; Renato Polacco: *La Cattedrale di Torcello*. Venezia 1984

Der Abend und die weiteren »Enden der Welt«

Lektüren: Reinhard Pabst: *Thomas Mann in Venedig*. Frankfurt/M. und Leipzig 2004; Daniela Simionato u.a.: *Lido di Venezia e Pellestrina*. Ponzano 2009; *Lido e lidi. Società, moda, architettura e cultura balneare tra passato e futuro*. Venezia 1989; Camillo Semenzato: *La storia e l'arte. Le isole e il litorale dal Cavallino a Pellestrina*. Venezia 1992

Die Schönheit der Nacht

Lektüren: Peter Knaup: *Stilles Venedig*. Berlin 2011; *Venedig*. Fotografien von Rainer Groothuis und Christoph Lohfert. Hamburg 2011

Der Autor

Hanns-Josef Ortheil wurde 1951 in Köln geboren. Nach seiner Promotion 1976 arbeitete er an mehreren Hochschulen des In- und Auslandes, gegenwärtig ist er *Professor für Kreatives Schreiben und Kulturjournalismus* am *Institut für Literarisches Schreiben und Literaturwissenschaft* der Universität Hildesheim.

Seit 1979 erschienen von ihm zahlreiche Romane, Erzählungen und Essays, darunter zuletzt *Die große Liebe* (2003), *Das Verlangen nach Liebe* (2007), *Die Erfindung des Lebens* (2009) und *Der Stift und das Papier* (2015), für die er viele Auszeichnungen erhalten hat. Seit 1971 reiste er immer wieder nach Venedig und wohnte dort auf Einladung einer venezianischen Familie vor allem in den Frühjahrs- und Herbstmonaten.

In seinem Roman *Im Licht der Lagune* (1999) hat er die Malerszenen Venedigs im späten 18. Jahrhundert porträtiert und dabei in der Gestalt eines jungen Malers einen Ausblick auf die abstrakte Bildgestaltung William Turners und Claude Monets entworfen. Daneben hat er in mehreren Erzählungen und Essays von Venedig und seinen Venedig-Aufenthalten erzählt (so etwa in dem Essay-Band *Die weißen Inseln der Zeit*).

Im insel taschenbuch ist von ihm bereits der erfolgreiche Band *Rom. Eine Ekstase* (it 4060) erschienen.

Rezepteregister

Die Grundzutaten sind alphabetisch aufgeführt: So lassen sich die einzelnen Rezepte leicht finden. Fleischlose Rezepte sind kursiv gesetzt.

Bildlegenden